AF343343

VOILA
CE QUI VIENT DE PARAITRE

REVUE DE L'ANNÉE 1854 EN TROIS ACTES ET SEIZE TABLEAUX,

DE

MM. GUÉNÉE ET CH. POTIER,

MISE EN SCÈNE DE M. ERNEST LAUNOIS.

MUSIQUE COMPOSÉE ET ARRANGÉE PAR M. KRIESEL, DÉCORS DE MM. ZARA ET CH. LALOUE.

Costumes dessinés par M. H. BALLUE, exécutés par M. CONSTANT, cartonnages de M. CLAPISSANT.

TERMINÉE PAR

LA PROMISE DE MONTMARTRE

PARODIE SAUCE PROVENÇALE ASSAISONNÉE PAR M. KRIESEL.

REPRÉSENTÉE POUR LA PREMIÈRE FOIS, À PARIS, SUR LE THÉATRE DES DÉLASSEMENTS, LE 29 DÉCEMBRE 1854.

A NOTRE DIRECTEUR ET AMI

Charles HILTBRUNNER.

DISTRIBUTION DE LA PIÈCE.

L'ESSOUFFLÉ	MM. MARRAIS.	LE COMTE DE LAVERNIE	MM. CLÉMENT.	PARIS CHANTANT	Mmes CÉCILE.
LE VIEUX TEMPLE		UN OURS	DUDOGNE.	LA FOLIE NOUVELLE	
LE BASSIN DU DRAGON	ÉMILE VILLARD.	LA POMPE A FEU	JULES.	PREMIÈRE STATUE	
L'ANNÉE 1854	RENAUD.	LE LAC D'ENGHIEN	ÉDOUARD.	DEUXIÈME STATUE	DELPHINE.
H. BOQUET	BOURGUIGNON.	L'ESPÉRANCE	Mlles C. VADÉ.	LE WAUX-HALL	FLORENTINE.
DUCANTAL	VIGNOL.	LA SCIENCE		LA FOIRE AUX PLAISIRS	
LE TEMPLE NEUF	PLUM.	LE LUXE	JANE ESLER.	ATALA	AMÉLIE MIRZA.
UN DANSEUR		LA PAIX		PARIS CHARITÉ	
DINER DE L'EXPOSITION		LA GUERRE	ANGEL. LEGROS.	BAL DU CHATEAU-D'EAU	
ÉDOUARD	DEMANLT.	L'ARMÉE		BON JEAN-FAINÉANT	MARIE.
LE VRAI CHINOIS	TISMARR.	LE LÉZARD	ADÈLE.	PARIS-GRISETTE	
PARIS ÉTUDIANT	DUVAS.	LA MARE D'AUTEUIL		SAINTE-CÉCILE	JULIE.
BASSIN DU PALAIS-ROYAL	CASTINEAU.	L'INDUSTRIE		RUE DES PROUVAIRES	
LE FAUX CHINOIS		LA RIVIÈRE DU BOIS DE BOULOGNE	BLANCHE.	BAL MABILLE	CLÉMENTINE.
LA FERRAILLE	THOMPSON.	L'ARCHITECTURE			
GRINGALET		LA RUE DE LA FIDÉLITÉ	MATHILDE.		
LA PIÈCE D'EAU DES SUISSES		ZÉPHIRINE		**LA PROMISE.**	
TIGE-DE-BOTTES	DUMAST.	LE THÉATRE		LE TÉNOR LÉGER	MM. PLUM.
SOSTHÈNES		LA LAYETTE	EMMA ROSE.	LE BARYTON	DEMARCY.
PARIS EN JAUNE		L'AGRICULTURE		LA BASSE	BOURGUIGNON.
LE CANAL SAINT-MARTIN	ALGLEY.	LE CHIFFON	CAROLINE.	LE SOPRANO	Mme C. VADÉ.
LES CINQ CENTS DIABLES		LA RUE DU COQ			

ACTE PREMIER.

Premier Tableau.

L'intérieur d'une école fantastique. — Au fond, une chaire — A droite et à gauche, des bancs bordés.

SCÈNE PREMIÈRE.

L'ARMÉE, LE COMMERCE, LE THÉATRE, LA SCIENCE, L'AGRICULTURE, L'AR-CHITECTURE, L'INDUSTRIE.

CHŒUR.

Air : Ah ! le bel oiseau.

Songeons à nous divertir,
Plus de chaînes,
Plus de peines;
Le maître vient de partir,
Livrons-nous tous au plaisir.

L'ARMÉE.

Nous sommes seuls, mes amis,
Faisons un tapage affreux.

LE THÉATRE.
Lorsque les chats sont sortis,
Les souris vont à la noce.
TOUS.
REPRISE.
Songeons à nous divertir,
Plus de peines,
Plus de chaleurs;
Le maître vient de partir,
Livrons-nous tous au plaisir.

LE THÉATRE. L'an 1854, notre professeur, s'est retiré dans son cabinet de travail... l'Essoufflé, son factotum, est allé faire une partie de ballon aux Arènes-Italiennes, nous pouvons jouer tout à notre aise.

TOUS, *moins la Science.* Oui..... oui..... jouons...

LA SCIENCE. Y pensez-vous?... vous comporter comme des écoliers, nous, les princes de la civilisation, les génies de l'ordre social...

LE THÉATRE. Princes ou génies, nous n'en sommes pas moins des élèves, puisque, depuis onze mois, l'an 1854 nous a tous réunis dans cette classe pour refaire notre éducation, qui, dit-il, avait été négligée depuis trop longtemps.

L'ARCHITECTURE. Aussi, puisque nous sommes des écoliers, gaminons...

TOUS. A quoi jouerions-nous bien?...

L'ARMÉE. Moi, l'Armée, mille carabines! je vous défie tous à la bataille.

LA SCIENCE. Moi, la Science, j'opte pour les échecs. *Omne tulit punctum qui miscuit utile dulci.* Ηδος; ονε; Ατζίλην;

L'ARCHITECTURE. Oh! laisse là ton latin, ton grec, tes échecs, et construisons plutôt des châteaux de cartes.

LE COMMERCE. Des châteaux de cartes?..... l'Architecture n'en fait jamais d'autres... Moi, je propose que, par la présente en date d'aujourd'hui, il vous plaise de faire un trente et un...

L'AGRICULTURE. (*Accent berrichon.*) Le jeu du Commerce... ah! ouiche, j'aimons mieux que nous nous boutions dément à faire la cueillance de quelques biaux bouquets.

LE THÉATRE. Je reconnais bien là le sang de l'Agriculture! Foin de l'Agriculture! moi, le Théâtre, j'offre les jeux innocents.

L'INDUSTRIE, *riant.* Ha! ha! ha!... sont-ils aussi innocents que tes ouvrages? Si vous m'en croyez, mes amis, ce que nous avons de mieux à organiser pour nous distraire, c'est...

TOUS. Quoi?...

L'INDUSTRIE. De jouer à la bourse.

TOUS, *avec indignation.* Ah!

L'ARMÉE. L'Industrie plaide pour ses chevaliers; mais mille millions de canonnades! je soutiens ma proposition.

LES AUTRES. Et moi la mienne!...

L'ARMÉE.
Air : *Rifolet, sans qu'il s'en doute.*
Obéissez quand j'ordonne!...
De commander j'ai les droits,
Et je ne veux que personne
Ne contrevienne à mes lois.
Toujours vif comme la poudre,
Je ne crains pas un affront,
Car pour défier la foudre
J'ai des lauriers sur mon front.

LE THÉATRE.
L'orgueil aujourd'hui t'entraîne,
Je ne te céderai pas,
Car, comme toi, sur la scène,
Je livre aussi des combats.
Au théâtre, à son premier,
Donnez le pas ou ce jour!

L'INDUSTRIE.
Il voudrait nous mettre en pièces,
Le théâtre fera four.

LE THÉATRE.
Je méprise ces attaques,
Malgré vos airs fanfarons,
Je vous donnerai des claques...
LES AUTRES.
Et nous, nous te sifflerons.
LE COMMERCE.
Cessez des luttes frivoles,
Le commerce seul est roi;
Il circule, il marche, il vole,...
L'ARCHITECTURE.
Oui... voilà bien son emploi.
L'AGRICULTURE.
Quoiqu'en cette demeurance,
Vous priiez souventement,
Moi, j'avons la vanitance
D'être le preux garniment.
LA SCIENCE.
En vain tu voudrais la pomme,
Car, soit dit sans t'offenser,
Tu me sembles bête comme
Les choux que tu fais pousser!
Tandis que moi, la Science,
Je marche à pas de géant,
Et c'est ma toute-puissance
Qui vous sauve du néant.
Sans moi, mon petit Théâtre,
Tes écrits sont sans valeur;
L'architecte avec son plâtre
Sans moi n'est qu'entrepreneur,
Sans moi, simple Agriculture,
De tes fruits et de tes fleurs
Saurais-tu, par la bonture,
Changer les goûts, les couleurs?
De la nuit perçant les voiles,
Au ciel pénétrant aussi,
Je vous fais voir des étoiles...
L'ARMÉE.
Étoiles en plein midi.
ENSEMBLE.
Obéissez quand j'ordonne!
De commander j'ai les droits,
Et je ne veux que personne
Ne contrevienne à mes lois.

SCENE II.
Les Mêmes, L'ESSOUFFLÉ.

L'ESSOUFFLÉ.
Air d'*Aline*
Eh bien, d'où vient cette querelle?
Avez-vous perdu la cervelle?
Pourquoi ce courroux mutuel?
On n'a jamais rien vu de tel...
Quoi! des êtres surnaturels
Se battent comme des mortels.
LES AUTRES.
C'est aussi par trop despotique!
Chacun d'eux ici me critique,
On m'écrase comme un aspic;
Mais je me moque du trafic,
Et vais, en dépit de leur tic,
En appeler au vrai public.

L'ESSOUFFLÉ. Imprudents! si je disais à votre professeur Mil huit cent cinquante-quatre que ses génies se comportent comme des chiffonniers, il vous administrerait une correction... il vous condamnerait même à lire les *Mohicans de Paris* ou à voir les *Amours maudits...*

TOUS, *avec terreur.* Grâce!

L'ESSOUFFLÉ. Rassurez-vous... je ne dirai rien, et je serai d'autant plus muni, que nous avons à traîner ensemble quelque chose de pas mal noir.

TOUS. Quoi donc?

L'ESSOUFFLÉ. Presque rien... un tout petit complot... une modeste conspiration...

LA SCIENCE. Contre qui?

L'ESSOUFFLÉ. Hein?...

LA SCIENCE. Contre qui?

L'ESSOUFFLÉ. Ah! contre qui?... c'est drôle, je comprends le latin... contre... approchez-vous tous et respirez le moins fort possible... (*avec mystère*) contre Mille huit cent cinquante-quatre... Dieu! que ce nom est long... je le prononcerai désormais en chiffres... ça abrègera... contre 1854...

L'ARMÉE. Et qu'avez-vous à lui reprocher? mille gibernes!...

L'ESSOUFFLÉ. Ce que j'ai à lui reprocher?... ah! elle est charmante, l'Armée!... Comment, génies débonnaires, vous ne vous êtes pas aperçus que depuis son avènement, Mil huit cent cinquante-quatre vous fait piocher comme des nègres... qui piochent... si bien que vous serez bientôt sur les quenottes, et que moi, le factotum de cet an impitoyable, je suis devenu tellement poussif, que je n'ai pas volé mon nom de l'Essouflé.

Air : *Loterie*
Trotte (bis),
Sa marotte
C'est de nous faire trotter,
Saperlotte! (bis)
Il est temps de s'arrêter.
De ces courses infinies,
Oui, le nombre est colossal...
Devrait-on voir des génies
Faire un métier de cheval?
TOUS.
Trotte, etc.
L'ESSOUFFLÉ.
On abat partout des rues
Pour faire des boulevards,
Et pour refaire des rues
On rabat des boulevards.
TOUS.
Trotte, etc.
L'ESSOUFFLÉ.
Le théâtre a vingt recettes
Pour ne tirer d'embarras;
La recette des recettes
Est la seule qu'il n'a pas.
TOUS.
Trotte, etc.
L'ESSOUFFLÉ.
Le macadam avec zèle
En tous lieux est approuvé;
Du paveur la demoiselle
Sera donc sur le pavé.
TOUS.
Trotte, etc.

LE COMMERCE. L'Essoufflé a raison... jamais on n'a vu une année aussi laborieuse...

L'INDUSTRIE. Heureusement qu'elle ne tardera pas à abdiquer...

L'ARCHITECTURE. Et que nous pourrons nous croiser les bras tout à notre aise.

L'ESSOUFFLÉ. C'est ce qui vous trompe, ô trop naïfs génies! Savez-vous pourquoi Mil huit cent cinquante-quatre s'est retiré tout à l'heure dans son cabinet?...

TOUS. Non.

L'ESSOUFFLÉ. Pour rédiger le programme de son successeur... il lui lègue à finir tout ce qu'il a commencé... Ainsi, mes petits enfants, réirimage général...

L'ARMÉE. Ah! c'est trop fort, mille tonnerres! je lui flanquerai un coup d'épée.

LE COMMERCE. Je le citerai devant le tribunal de commerce.

LA SCIENCE. Je le mènerai à une séance de l'Institut.

L'INDUSTRIE. Je lui vendrai des fonds espagnols.

LE THÉATRE. Et moi, je l'enverrai trois fois par semaine au théâtre Beaumarchais.

L'ESSOUFFLÉ. Ah! c'est bien dur. Faisons mieux que cela, emparons-nous violemment du mémoire qu'il a rédigé... Une fois maîtres de ses paperasses, nous le mettrons en charpie, et Mil huit cent cinquante-cinq, dépouillé de tous renseignements...

L'ARCHITECTURE. Nous laisse reposer sur nos deux oreilles...

L'ESSOUFFLÉ. Précisément.. Ce plan vous convient-il ?..

TOUS. Oui !.. oui !

L'ESSOUFFLÉ. Bravo ! ce noble enthousiasme m'enchante.. quelle mâle énergie vous avez pour la paresse !.. Va, noble jeunesse ! persévère dans cette voie de progrès et de perfectionnement... (*Regardant au fond.*) Mais j'aperçois Mil huit cent cinquante-quatre... c'est le vrai moment de planter dans la classe l'étendard de la révolte... Écoliers, barricadons-nous, et en avant !

TOUS. En avant !

Air nouveau de M. Kriesel.

CHOEUR.

Défions sa trame ;
Emparons-nous tous
Du fatal programme,
On, c'est fait de nous.

(*Les uns montent sur les bancs, les autres jettent les livres en l'air, et l'ensemble du tableau présente une révolte d'écoliers quand Mil huit cent cinquante-quatre paroît.*)

SCENE III.

Les Mêmes, MIL HUIT CENT CINQUANTE-QUATRE, *un agenda à la main.*

MIL HUIT CENT CINQUANTE-QUATRE.

(*Suite de l'air.*)

Que vois-je ? dans ma classe
On se révolte aussi !

L'ESSOUFFLÉ, *bas aux autres.*

Ne lui faisons pas grâce
Qu'il nous dise ; merci !

TOUS.

Défendons la place,
Il faut, cette fois,
A force d'audace
Soutenir nos droits.

MIL HUIT CENT CINQUANTE-QUATRE. Est-il possible ?... vous vous insurgez contre moi, mes chers élèves, vous que j'ai toujours tant soignés, tant aimés... et jusqu'à l'Essoufflé, mon second moi-même, qui encourage le désordre.

L'ESSOUFFLÉ. Ma foi oui... j'ai jeté mon bonnet pointu par-dessus les moulins.

MIL HUIT CENT CINQUANTE-QUATRE. Au moins, dites-moi ce qui a pu vous pousser à la rébellion... (*Silence général.*) Vous vous taisez tous ?...

L'ESSOUFFLÉ, *à part.* Ils canent, les capons ! heureusement que j'ai bon bec.

MIL HUIT CENT CINQUANTE-QUATRE. Voyons, parlez... qu'y a-t-il ?

L'ESSOUFFLÉ. Il y a... Il y a que nous avons assez travaillé, qu'il est temps de nous croiser les jambes, et qu'il faudrait nous remettre le programme que vous adressez à votre successeur.

TOUS. Oui... le programme !...

MIL HUIT CENT CINQUANTE-QUATRE. Qu'entends-je ?... Et voilà pourquoi vous vous accusez... vous vous plaignez de trop de travail... Aveugles que vous êtes !...

Air : Ne veilles pas.

Osez-vous bien, vous, soutiens de la France,
Ainsi rêver un coupable repos ?
Sans le travail, le chaos recommence,
Le travail seul enfante les héros.
Hâtez-vous fait à la funeste année,
Qui sans remords, ne pense qu'au plaisir ;
Chaque heure, hélas ! de sa folle journée,
Est un vol fait au bonheur à venir !
De la fatigue en vain chercher les causes :
N'avez-vous pas senti battre vos coeurs
En contemplant toutes les grandes choses
Dont après Dieu, vous êtes créateurs ?
Voyez Paris, son enceinte brillante,
Grâce aux efforts d'un travail sans pareil ;
Que trouve-t-on dans la ville géante ?
Partout le ciel, de l'air et du soleil !
Ces monuments, qu'un monde entier renomme,
Sont du travail le fruit toujours constant ;
Admirez-les, c'est la lutte de l'homme
Qui chaque jour triomphe du néant !
Par le travail, l'art étend son empire,
L'art est si grand, la terre en est témoin,
Que le destin jaloux semble lui dire :
Assez de gloire ! on ne va pas plus loin.
Ces fiers vaisseaux, sans craindre la distance,
Fils du travail, vont sillonnant les mers,
Et signalant notre toute-puissance,
Nos pavillons flottent sur l'univers.
Le travail seul préserve de la chute.
Est-ce aujourd'hui le moment de faiblir ?
Vaillants soldats, dans cette immense lutte,
Il reste encor des lauriers à cueillir.
Croyez-moi donc, vous, soutiens de la France,
Ne rêvez plus un coupable repos.
Sans le travail le chaos recommence,
Le travail seul enfante des héros.

L'ESSOUFFLÉ. C'est très-joli, ce que vous avez dit là, mais c'est absolument comme si vous chantiez... il nous faut vos tablettes.

L'ARMÉE. Et nous les obtiendrons de gré ou de force.

LA SCIENCE. Quand nous devrions vous occire...

LE THÉÂTRE. Vous mettre en poussière !

TOUS. Oui, vous mettre en poussière.

MIL HUIT CENT CINQUANTE-QUATRE. Une semblable violence !.. Après mes leçons... mes bienfaits...

L'ESSOUFFLÉ. Bah ! les bienfaits !... Ça s'oublie très-bien... j'ai passé toute ma vie à oublier des bienfaits... Aussi, nous allons vigoureusement pincer votre agenda et en faire un feu de joie.

TOUS. Oui... oui... brûlons-le...

CHOEUR.

Air de Robert.

Le courroux nous enflamme ;
Afin qu'il soit détruit,
Livrons tous à la flamme
Ce programme maudit.

MIL HUIT CENT CINQUANTE-QUATRE.

Je saurai me défendre.

L'ESSOUFFLÉ.

Quel front est le sien !

MIL HUIT CENT CINQUANTE-QUATRE.

Daignez au moins m'entendre,
C'est pour votre bien.

TOUS.

Nous n'écoutons rien.

(*Ils s'élancent sur Mil huit cent cinquante-quatre. L'Essoufflé s'empare des tablettes.*)

L'ESSOUFFLÉ.

Que le bûcher paraisse.

(*Un bûcher sort du dessous.*)

Jetons-y gaiement
Le livre qui vous blesse.

(*L'Essoufflé va jeter les tablettes quand l'Espérance sort du bûcher.*)

L'ESPÉRANCE.

Arrête, imprudent !

TOUS, *reculant avec surprise.*

Quel est le téméraire,
Affrontant vos fureurs,
Qui voudrait le soustraire
A nos bras vengeurs.

____

Deuxième tableau.

SCENE PREMIERE.

Tout le Monde, L'ESPÉRANCE.

L'ESSOUFFLÉ. Qui es-tu, génie anonyme ?..

L'ESPÉRANCE. Le soutien du faible, le consolateur de l'affligé, le protecteur de tous.

Air : Bois, vallons. (Béranger.)

Vous voyez en moi l'Espérance,
La messagère du bonheur,
La bienfaisante providence
Que l'on adore avec ferveur.
Calmez ce courroux,
Suspendez vos coups
Et tombez à mes genoux,
Je donne au pauvre la richesse :
Le chagrin cesse
Quand je parais,
Et je change l'humble chaumière.
Au toit de lierre
En un palais.
Vous voyez en moi l'Espérance,
La messagère du bonheur,
La bienfaisante providence
Que l'on adore avec ferveur.

DEUXIÈME COUPLET.

De moi la riante parole
Toujours console
L'adversité.
Au captif, par un doux mensonge,
Je donne en songe
La liberté,
Vous voyez en moi l'Espérance,
La messagère du bonheur,
La bienfaisante providence
Que l'on adore avec ferveur.
Calmez ce courroux,
Suspendez vos coups
Et tombez à mes genoux.

MIL HUIT CENT CINQUANTE-QUATRE. L'Espérance vient à mon secours... je renais.

L'ESPÉRANCE. Tu as raison, car je te protégerai jusqu'à ta dernière heure... Tu as trop fait pour moi, pour que je puisse t'abandonner... D'ailleurs, ma mission est de faire rentrer au bercail ces génies égarés et de les ramener à l'espérance.

L'ARCHITECTURE. Laissez donc, l'espérance n'est qu'un mot.

L'ESPÉRANCE. Un mot, avez-vous dit?

TOUS. Oui, oui, ce n'est qu'un mot.

Air : Encore un préjugé.

Non, non, croyez-le bien,
De réaliser l'espérance
Il est plus d'un moyen,
Et chacun de nous a le sien.
A qui sait m'obéir
J'oserais, en toute assurance,
Sans craindre de faillir,
Promettre un brillant avenir.
Toi, ange, Architecture,
A bâtir sans fragilité :
Un monument ne dure
Qué s'il franchit l'éternité.
Car lorsqu'on ne manie
Que la truelle et le mortier,
On renonce au génie :
Sois maçon, c'est ton métier
Quand on est ton soutien,
Je t'en conjure, ami Commerce.
Ne grogne pas pour rien
Et dis une fois : Ça va bien !
Science, ne va pas,
Quand jusqu'au ciel ton regard perce,
Oublier qu'ici-bas
Un puits peut s'ouvrir sous tes pas.
Toi, sémillant Théâtre,
Sans rien perdre de ta gaîté,
Sous ton masque folâtre
Mets un peu de moralité...
Car dans la charge obscène,
S'il veut obtenir des bravos,
Le temple de la scène
Se métamorphose en tréteaux.
En secouant des bras,

Pense aussi, ma chère Industrie,
Que tu compenseras
Le travail que tu détruiras.
Pour l'honnête ouvrier
Qui désire gagner sa vie
Ne va pas oublier
Le salaire de l'atelier.
Ma chère Agriculture,
Je te signale un grand malheur;
L'homme des champs murmure
Et rougit d'être laboureur.
Il veut être notaire,
Poète, artiste... Avant deux ans
Pour cultiver la terre
Nous n'aurons plus de paysans.
Dis à l'agriculteur
Qu'il revienne de sa bévue,
Qu'il doit se faire honneur
De son état de laboureur.
Celui qui fait le pain
Avec le soc de sa charrue,
Vaut pour le genre humain
Mieux qu'un pâle et froid écrivain.
Toi, ma vaillante Armée,
A la victoire je te vais
Toujours accoutumée;
Poursuis le cours de tes succès;
Contre la folle rage
D'un accaparreur entêté
Combats avec courage
En faveur de l'humanité.
Et voilà le moyen
De réaliser l'espérance,
Amis, vous voyez bien
Que chacun peut avoir le sien.
Sans craindre de faillir
J'oserais, en toute assurance,
A qui veut m'obéir
Promettre un brillant avenir.

L'ARMÉE. Mille milliards de cartouches!... je ne sais ce qui se réveille en moi, mais maintenant je vois tout en rose.

LES AUTRES, *moins l'Essoufflé.* Et moi de même.

MIL HUIT CENT CINQUANTE-QUATRE. C'est l'Espérance qui vous sourit.

LE THÉATRE. Oui... une vigueur nouvelle nous est revenue.

L'INDUSTRIE. Et nous voilà disposés plus que jamais à reprendre nos travaux.

L'ESSOUFFLÉ. Allons!... bon!... les voilà qui désertent... J'ai envie de me faire journaliste pour leur dire des sottises à tous.

L'ESPÉRANCE. Toi seul résistes encore?... Eh bien, suis-moi à Paris, je te montrerai toutes les nouveautés qui se sont produites sous le règne de Mil huit cent cinquante-quatre. Ça qui te paraîtra mal sera rayé de son agenda, mais l'on maintiendra énergiquement tout ce qui aura obtenu l'approbation générale.

L'ESSOUFFLÉ. Des vacances?... ça me va... Mais où prend-on l'omnibus?...

L'ESPÉRANCE. Voici qui vous transporter tous les deux. (*Elle a fait un signe; un char paraît.*)

MIL HUIT CENT CINQUANTE-QUATRE. Parlez donc! et puisses-tu te convaincre!...

L'ESPÉRANCE. Soyez sans crainte... l'Espérance ne doute de rien...

L'ESSOUFFLÉ. En route!

TOUS. En route!

L'ESPÉRANCE.
Air: *Espérance, confiance, etc.*
Mettons-nous en route,
Partons pour Paris;
De Paris, sans doute,
Tu seras épris,
Suis-moi sans murmure.
L'ESSOUFFLÉ.
J'ai peur d'avancer.

Si cette voiture
Allait nous verser!
L'ESPÉRANCE.
Espérance,
Confiance,
De ton âme bannis l'effroi;
Car d'avance,
L'Espérance
Se charge de veiller sur toi.
TOUS.
Espérance,
Confiance,
De ton âme bannis l'effroi.
Car d'avance,
L'Espérance
Sans cesse veillera sur toi.
(*L'Espérance et l'Essoufflé montent dans le char et ils disparaissent suivis des autres personnages.*)

Troisième Tableau.

Le débarcadère du chemin de fer d'Auteuil.

SCÈNE PREMIERE.

VOYAGEURS, *puis* L'ESPÉRANCE *et* L'ESSOUFFLÉ.

CHOEUR.
Air: *Patati, patata.*
Descendons, (*bis.*)
Et sans tant de façon
Que l'on s'empresse
Et qu'on se presse,
Vite, allongeons le pas,
Surtout ne poussons pas;
Il me tarde, hélas!
D'être en bas.
(*Les voyageurs disparaissent. — Entrent l'Essoufflé et l'Espérance.*)

L'ESPÉRANCE. Eh bien, l'Essoufflé, que dis-tu de l'embarcadère d'Auteuil?

L'ESSOUFFLÉ. Vous appelez ça un embarcadère? merci! c'est un pigeonnier... Il est vrai que l'escalier est en réparation, mais ce n'est pas une raison pour traiter les voyageurs comme des meuniers.
Air: *Ah! grand Dieu.*
Pas à pas descendre d'une échelle,
C'est fort dangereux, surtout pour une demoiselle,
Car si l'on tombait dans la ruelle,
On pourrait vraiment
Monter son... mécontentement.

L'ESPÉRANCE. Tu as beau dire, le chemin de fer d'Auteuil a obtenu cette année une vogue universelle, il est renommé pour la vélocité de sa course et la modicité de son prix... vingt-cinq centimes par voyage.

L'ESSOUFFLÉ. Et cinq stations par minute... ce qui fait qu'on n'avance qu'à force de s'arrêter.

L'ESPÉRANCE. Oui... mais quel trajet ravissant.
Air: *Ma tante Lajonchère.*
Lorsqu'il est sur l'impériale,
Sous les voûtes, le voyageur
Sans nul supplément se régale
D'un excellent bain de vapeur;
Un mur crottant vous enclave,
L'ESSOUFFLÉ.
Ce que je trouve singulier,
C'est qu'on voyage dans la cave
Et qu'on descende du grenier.
ENSEMBLE.
Oui, l'on voyage dans la cave,
Et puis l'on descend du grenier.

L'ESSOUFFLÉ. Ainsi donc, c'est ici que nous allons commencer nos observations... Voyons, dépêchons-nous et tâchons de trouver certain endroit...

L'ESPÉRANCE. Que cherches-tu?

L'ESSOUFFLÉ. Un indicateur quelconque pour nous éclairer, un guide-âne, enfin.

L'ESPÉRANCE. Rien de plus facile... (*Elle fait un geste, une borne-fontaine avec des affiches éclairées paraît par le dessous*).

L'ESSOUFFLÉ. Ah! quelle colonne Ambigue!

L'ESPÉRANCE. C'est de là précisément qu'elle arrive.

L'ESSOUFFLÉ. Ah çà, mais je demande un indicateur et vous me servez une...

L'ESPÉRANCE. Ne vois-tu pas ces affiches illuminées?

L'ESSOUFFLÉ. En effet, elle en est tapissée...
Air de *Turenne.*
Cette colonne est vraiment précieuse,
Pourtant, je blâme ses rayons;
Je la voudrais moins lumineuse,
Car il est des occasions
Où l'on ne veut pas de distractions.
Quand trop d'éclat par malheur m'environne,
Je l'avouerai, je suis déconcerté
Oui, j'aime mieux un peu d'obscurité,
Surtout près de cette colonne.

L'ESPÉRANCE. Eh quoi, tu te montres l'ennemi des lumières? vil profane!

L'ESSOUFFLÉ. D'abord, je n'ai rien profané du tout; ensuite, ensuite je n'ai pas envie de voir cette colonne plus longtemps... Qu'elle disparaisse!

L'ESPÉRANCE. Puisque tu le veux... (*La colonne disparaît.*)

L'ESSOUFFLÉ. Je le veux d'autant plus que j'ai une faim atroce... je dinerais volontiers...

SCÈNE II.

LES MÊMES, LE DINER DE L'EXPOSITION, *puis* DES MARMITONS

LE DINER. Qui est-ce qui a parlé de diner? (*A la cantonade*). A moi, mes fidèles marmitons! (*Entrent les Marmitons.*)
CHOEUR:
Air nouveau de M. Erisol.
Quand votre voix appelle,
Ici nous accourons;
Comptez donc sur le zèle
De tous vos marmitons.
LE DINER.
Bijoux du grand Carême,
Répondez à mon vœu;
Il faut à l'instant même
Pour moi vous mettre au feu.
REPRISE DU CHOEUR.
Quand ta voix nous appelle,
Ici nous accourons; etc., etc.

L'ESSOUFFLÉ. Où veut en venir ce monsieur tout bigarré suivi de ces messieurs tout blancs?

L'ESPÉRANCE. C'est le Diner de l'Exposition.

LE DINER. Vous l'avez dit. Un diner gigantesque, un diner monstre! un diner auprès duquel les noces de Gamache ne sont que de la ripopée!... un diner où l'on trouvera trois mille tables, quinze mille chaises, cinquante mille assiettes, cent mille fourchettes, dix millions de verres et cent milliards de cure-dents.

L'ESPÉRANCE, à l'Essoufflé. J'espère que tu tombes sur un établissement bien monté...

L'ESSOUFFLÉ. Oh! il ne m'en faut pas tant... je n'ai besoin que d'une chaise, d'une table, d'un couvert et d'un cure-dent.

LE DINER. C'est-à-dire que monsieur voudrait...

L'ESSOUFFLÉ. Casser une croûte tout bêtement...

LE DINER. C'est facile... faites votre carte et vous serez servi un des premiers.

L'ESSOUFFLÉ. Quelle chance!

LE DINER. Oui... vous pouvez vous mettre à table dans deux ans et treize jours!

L'ESPÉRANCE. Dans deux ans!

L'ESSOUFFLÉ. Et treize jours.
Air de l'Ecu de six francs.
A ce laps je ne puis atteindre;

Pitié pour un de vos clients.

LE DINER.

Non, non, je ne saurais enfreindre
D'irrévocables règlements :
Je n'ouvrirai que dans deux ans.
Du but jamais je ne m'écarte,
    Faites votre carte,

L'ESSOUFFLÉ.
        Non pas,
Dans deux ans j'ai trop peur, hélas !
Que vous n'ayez perdu la carte !

LE DINER. Perdre la carte ? jamais !
L'ESPÉRANCE. Il l'enflerait plutôt...
LE DINER. Voyons, décidez-vous, et chaud !
chaud ! car, en arrivant trop tard, vous pour-
riez bien n'avoir que les os.
L'ESSOUFFLÉ. Je m'en fiche... j'irai dîner
ailleurs.
LE DINER. Dîner ailleurs... ah ! par Vatel !...
je vous en défie bien ! A peine aurai-je en-
trebâillé ma cuisine que le Dîner de Paris sera
brûlé, le Dîner du Commerce fricassé, le Dîner
européen frit, et tous les autres traiteurs
cuits... Il n'y aura plus qu'un restaurant dans
l'univers, le Dîner de l'Exposition.

Air du Bénéficiaire.

Pour les couler à jamais,
J'accapare tout exprès
    Les produits
    Et les fruits
Récoltés dans maints pays.
D'abord les bœufs de Poissy
Sont tous transportés ici ;
    De Pontoise les veaux
Viennent par monts et par vaux ;
    Et si je m'abaisse
    A la bouillabaisse,
    Aux Frères Provençaux
Je prends les derniers morceaux,
    J'ôte à la Hollande
    Ses huîtres d'Ostende,
J'ai d'Amiens les canards
Et du Havre les homards.
Je veux dépouiller entier
    De truffes le Périgord,
    Et j'enlève aux Bretons
Et leur beurre et leurs moutons,
A Tours je prends ses pruneaux,
Et tout son vin à Bordeaux,
    De son eau, sans micmac,
Je dois épuiser Cognac.
Quant à Melun, je le pille :
Il n'aura plus une anguille.
Au Rhin, de fil en aiguille,
    Sans salamalec,
Qu'il me maltraite ou m'écharpe,
    Et qu'il me traite d'escarpe,
    Je prends sa dernière carpe,
        Et le mets à sec.
De son chasselas et beau
Je prive Fontainebleau.
Je ravis de Montreuil
Les pêches en un clin-d'œil.
De la Bourgogne, à gogo,
Le sympathique escargot,
    Dans quelque temps d'ici,
M'arrivera tout farci,
    Je veux que flayonne.
    A l'instant me donne,
    Ses superbes jambons,
Et Neufchâtel ses bonbons,
    Il faut qu'on m'amène
    Les chapons du Maine,
De Lyon les saucissons,
Les haricots de Soissons,
On verra dans nos salons
Des ananas, des melons,
    Et de toute façon
Nous aurons le meilleur thon.

    Les chalands que nous cherchons,
    Que partout nous accrochons,
        Prouvent que nous tâchons
    D'avoir tous les cornichons.

L'ESSOUFFLÉ. Ah çà, mais c'est le Pacte de
famine que vous ressuscitez... vous pillez le
Pacte de famine...
L'ESPÉRANCE. Raison de plus pour prendre
ton numéro.
L'ESSOUFFLÉ. Au fait, puisqu'il n'y a pas
d'autre moyen, je m'inscris pour deux ans et
treize jours ; mais n'oubliez pas de me servir
une sole au gratin.
LE DINER. Une sole ?... je cours l'acheter à
l'instant même, et dans deux ans...
L'ESSOUFFLÉ. Vous me la servirez ? Merci !...
elle sera fraîche !
LE DINER. On la fera conserver... (*Revenant.*)
Ah ! j'oubliais, c'est cinq francs ?...
L'ESSOUFFLÉ. Ah ! oui, je sais, c'est affiché
partout.
LE DINER. Cinq francs tout de suite.
L'ESSOUFFLÉ. On paie d'avance ?
LE DINER. J'ai besoin de cette somme pour
dorer mon établissement. (*Il prend l'argent.*)
Et maintenant, garde à vous, vaillants soldats
de la casserole : — Portez plats ! Présentez
plats ! En avant, marche !...
TOUS LES MARMITONS. Boum !

CHŒUR.

Air de Pilati.

Qu'on lui rende hommage,
Qu'à son passage,
On crie honneur
A ce grand traiteur !

(*Le Dîner se met à la tête des Marmitons, et ils sortent en cortège.*)

SCÈNE III.

L'ESSOUFFLÉ, L'ESPÉRANCE, puis PARIS
GRISETTE, PARIS ÉTUDIANT, PARIS
CHARITÉ, PARIS CHANTANT, PARIS
UN DE PLUS.

L'ESSOUFFLÉ. Ce dîner projeté m'a mis à toutes les sauces... je ne me sens pas dans mon as-
siette.
L'ESPÉRANCE, *regardant au fond.* Tiens !
voilà qui va te ragaillardir.
L'ESSOUFFLÉ. Vraiment ?... Quels sont ces
personnages ?
L'ESPÉRANCE. Une œuvre microscopique que
le Charivari vient de mettre au jour... Les
Petits-Paris. (*Les Petits-Paris entrent.*)

CHŒUR.

Air : Voilà les petites laitières.

Merveilles de littérature,
Nous ne sommes que des enfants,
Mais avant peu, la chose est sûre,
Petits-Paris deviendront grands.

L'ESSOUFFLÉ. Ah ! ce sont là les Petits-
Paris !
PARIS CHANTANT. Paris in-douze, Paris relié
en veau, Paris mis à la portée de toutes les
bourses et de toutes les intelligences, Paris
en détail, Paris sous toutes ses petites facettes,
Paris sous tous ses petits points de vue, Paris
avec toutes ses petites vérités, tous ses petits
vices et tous ses petits ridicules, cinquante
centimes le volume... cinquante centimes à
tout le monde !
L'ESSOUFFLÉ. Cinquante centimes... Bigre !
PARIS CHANTANT. C'est pour rien.

Air : La colle est mon élément.

A juger tous nos Paris,
    On vous invite
    Au plus vite.
Et de nos petits écrits,
Bientôt vous serez épris.

Air : Moi je suis, etc.

Moi, Paris-Grisette,
Je ne m'attriste jamais,
Et de ma chambrette
Je fais un palais.
J'ai fraîche figure,
Œil noir et seize ans ;
Ma seule parure
Est la fleur des champs.
Aussi je préfère
A l'or si vanté
L'amour, la Chaumière
Et la liberté.

L'ESSOUFFLÉ.

Air d'Yelva.

Oui, te voilà, ma perle des grisettes.
Ma Frétillon aux modestes atours ;
Quoiqu'on blâmât souvent tes amourettes,
Je les préfère aux plus nobles amours.
Nobles amours ont place dans l'histoire,
Mais avec eux garde-toi de changer ;
Car ce qu'ils n'ont pas, c'est la gloire
D'avoir été chantés par Béranger.
A toi grisette, à toi seule la gloire
D'avoir été l'enfant de Bécanger.

PARIS ÉTUDIANT.

Air de la Chaumière.

Paris Étudiant,
La noce sait me plaire,
Et je deviens pourtant
Avocat et notaire,
    Toujours (ter)
Je danse nuits et jours.

Air du Tra.

On voit sur ma commode
Un buste de Chicard,
Des pipes, pas de Code,
Et du blanc de billard.
Tous les ans, à l'école,
On m'appelle fruit-sec ;
Mais bah ! je m'en console,
On ne rit pas en grec.
    Moquons-nous d' ça,
    Tra, la, la, la,
Malgré tout ce qu'on dira,
Jamais rien ne surpassera
    Ce Paris-là.

PARIS CHARITÉ.

Air de Latreille.

    Le ciel ordonne
    Que l'on donne,
Apôtre de l'humanité,
Moi, je suis Paris Charité,
Le Paris de la charité.
Quand on souffre sur cette terre,
Existe-t-il rien de plus doux,
Que de soulager la misère ?
Riches et pauvres, venez tous,
Le malheureux compte sur vous !
Dieu, qui prêcha la bienfaisance,
Prend avec autant de bonté
Le louis de l'opulence
Que le sou de la charité.
    Le ciel ordonne
    Que l'on donne,
Apôtre de l'humanité,
Moi, je suis Paris Charité.
    TOUS.
Salut à Paris Charité !

PARIS UN DE PLUS.

Air du Carillon.

Je suis Paris en jauge,
J'ai la mine d'une aune,
Soyez-en convaincu,
Je suis Paris...
L'ESSOUFFLÉ, *l'interrompant.*
        Connu !
PARIS CHANTANT.

Air : Je danse.

Je chante à ma voix éclatante,
Reconnaissez ici Paris qui chante

Dans les palais, dans l'atelier,
Je réjouis le prince et l'ouvrier.
Quoique bien souvent sans fortune,
Comme le dit le beau Lindor,
Ma naissance n'est pas commune
Et j'ai des droits au livre d'or.

Air des deux Maîtresses.

Mon nom doit être inscrit dans notre histoire,
Je dois y prendre une place à jamais,
Car du pays j'ai partagé la gloire,
Puisque j'en ai célébré les hauts faits,
Longtemps d'abord aux rives de Provence,
Les ménestrels m'imposèrent leurs lois,
J'y soupirai d'Isaure la souffrance,
Et des croisés racontai les exploits.
Bientôt pour moi s'ouvre une ère nouvelle,
C'est le progrès, et l'on m'entend partout
Chanter gaîment *la belle Gabrielle*,
Vive Henri quatre et le vaillant *Malbrough*.
La foudre gronde... oui, c'est quatre-vingt-treize,
D'autres refrains il faut faire moisson,
Je chante, mais, malgré la *Marseillaise*,
Je n'eus jamais de cœur à la chanson.
Le calme enfin succède à la tempête,
La crainte fuit et la gaîté renaît.
Sans plus songer au passé, je répète
La bouche en cœur sur un ton de fausset :

Air du premier pas.

Le premier pas
Se fait sans qu'on y pense,
Le premier pas
Cause de l'embarras.
Malgré l'effroi qu'elle éprouve d'avance,
Heureuse encor la fillette qui danse
Le premier pas. (bis.)

Reprise de l'air précédent.

Mais c'en est fait de ces sornettes si fades,
De la romance arrive enfin le tour ;
Et réservant pour elle mes roulades,
Pendant dix ans, je redis chaque jour :

Air de la Normandie.

Je veux revoir ma Normandie,
C'est le pays où m'a donné le jour.

Air de la Grâce de Dieu.

Tu vas quitter notre montagne,
Pour t'en aller gagner, hélas !

Air de la Dot d'Auvergne.

Cinq sous ! (bis)
Pour monter notre ménage,
Cinq sous...

Air : Mire dans mes yeux.

Mire dans mes yeux
Tes yeux,
Ma belle brunette.

Air des petits Oiseaux.

Petits oiseaux, mangez sur ma fenêtre,
De ce pain noir que vous...

Reprise du premier air.

La mode, hélas ! est pleine d'inconstance,
Et les refrains sont éphémères, mais
Chantons toujours amis : Vive la France !
C'est le seul chant qui ne mourra jamais.

TOUS.

REPRISE.

La mode, hélas ! est pleine d'inconstance, etc.

PARIS CHANTANT. Nous avons encore à te présenter Paris Comédien, Paris Journaliste, Paris Propriétaire, Paris Toqué, Paris Gouteux, Paris Enfumé du cerveau...

L'ESSOUFFLÉ. Oh ! assez ! assez de Paris !

Air d'Henri Pottier.

Depuis quelque temps, à Paris,
On parle toujours de Paris,
Et pour intéresser Paris
On n'a plus recours qu'à Paris,
Un grand magasin de Paris
Se nomme *Ville de Paris* ;

Sur les monuments de Paris,
On a fait de nombreux paris ;
Tous les théâtres de Paris,
Firent des pièces sur Paris ;
Voilà que dans le grand Paris
On fourre des petits-Paris,
Je tremble enfin qu'avec Paris,
A force d'embêter Paris,
On ne contraigne un pur Paris
A s'enfuir de Paris.

PARIS GRISETTE. Allons donc !... est-ce que nous possédons un physique à faire fuir ?... Nous avons tout pour séduire, et nous le prouverons même aux plus récalcitrants.

REPRISE DU CHŒUR.
Air de l'entrée.

Merveilles de littérature,
Nous ne sommes que des enfants,
Mais avant peu, la chose est sûre,
Petits-Paris deviendront grands.

(*Les Petits-Paris sortent.*)

SCÈNE IV.
L'ESPÉRANCE, L'ESSOUFFLÉ.

L'ESSOUFFLÉ. Ma foi, tout bien considéré, ces petits Paris ont du bon... ils me donnent l'envie d'aller visiter le grand...

L'ESPÉRANCE. Y penses-tu ?... entrer à Paris avec ce costume fantastique...

L'ESSOUFFLÉ. Pourquoi pas?... Vous qui parlez, vous n'êtes guère plus à la mode...

L'ESPÉRANCE. Moi... c'est différent, je n'ai pas besoin de songer à ma toilette... (Chaque mortel ne pare-t-il pas l'espérance suivant sa fantaisie.

L'ESSOUFFLÉ. Vous avez peut-être raison... Mais où trouver un tailleur?

L'ESPÉRANCE. J'en aperçois justement un qui vient t'offrir ses services...

SCÈNE V.
LES MÊMES, LE TEMPLE NEUF, puis UN ÉLÉGANT, UNE ÉLÉGANTE.

LE TEMPLE NEUF.
Air du Docteur Isambard.

C'est moi qui suis le Temple neuf.
Tra, la, la, la, la, la, la.
Mon temple est aussi plein qu'un œuf,
Déri, déra, d-ra, déra, déra, déra.
Jamais, quoi que l'on en dira,
Zing ! balaboum ! balaboum !
Le Temple neuf ne vieillira.
Ah! ah! ah! ah!

L'ESSOUFFLÉ. En voilà un gaillard ! qui a une manière bruyante de s'annoncer ! On dirait un dentiste ou un marchand de crayons.

L'ESPÉRANCE. Si tu voyais ses affiches, c'est bien autrement mousseux.

L'ESSOUFFLÉ. Ah çà, mais je croyais le Temple plus rajatiné. Il a donc éprouvé des réparations?

LE TEMPLE NEUF. Un instant... ne pas confondre avec le VIEUX... Je suis un Temple de nouvelle date, un Temple neuf, un oasis de confection que l'industrie a créé rue des Fossés-du-Temple, pour devenir le trésor du râpé, le sauveur du passé et la providence du ralaie.

L'ESSOUFFLÉ. Il s'exprime assez purement pour un fripier... On dirait qu'il fait des vaudevilles.

LE TEMPLE NEUF. Désirez-vous vous vêtir, vous embellir, vous rajeunir ? Parlez, faites-vous servir.

L'ESSOUFFLÉ. Avec plaisir... Seulement, je ne serais pas fâché de connaître avant le goût du jour.

LE TEMPLE NEUF. A votre aise, je n'ai qu'à faire ce geste, et vous allez voir apparaître à vos yeux la mode de mil huit cent cinquante-quatre. (*Il fait un signe et l'on voit arriver un Monsieur et une Dame; le Monsieur*

a un pantalon *très-collant et un paletot très-long.*

les boutons *sont de la largeur d'une pièce de cent sous ; la Dame porte un petit chapeau placé sur le haut du cou et sa tournure est excessivement empesée.*)

LE TEMPLE NEUF. Hein !... Que pensez-vous de cet élégant?

L'ESPÉRANCE.
Air : L'amour qu'Edmond.

S'il faut vous dire ici ce que j'en pense,
Cette toilette est laide à faire peur.

L'ESSOUFFLÉ.
Et quels boutons!

LE TEMPLE NEUF.
La suprême élégance
Veut des boutons de semblable largeur.

L'ESSOUFFLÉ.
Grâce à cette mode arbitraire,
Chaque dandy, pour lui c'est peu flatteur,
Semble avoir à sa boutonnière
Tous les cinq francs qu'il doit à son tailleur.
On croit voir à sa boutonnière
Tous les cinq francs qu'il doit à son tailleur.

LE TEMPLE NEUF. Quant à madame...

L'ESPÉRANCE.
Air : Vaudeville de l'avare.

Madame est des plus ravissantes,
Mais je n'aime pas ces chapeaux ;
En les portant, nos élégantes
Semblent en avoir plein le dos.

L'ESSOUFFLÉ.
Et puis ces dames, sans vergogne,
Font tant empeser leur jupon,
Qu'elles ont l'air d'un vrai ballon,
Ou bien de la mère Gigogne.

L'ESSOUFFLÉ. Tout cela n'empêche pas que je ne payerais bien un pantalon.

LE TEMPLE NEUF. Vous voulez dire, une diagonale ou une bayadère.

L'ESSOUFFLÉ. Ensuite un gilet.

LE TEMPLE NEUF. Prononcez un subjectif.

L'ESSOUFFLÉ. Et, enfin un paletot.

LE TEMPLE NEUF. Un mandarin... un wistrik... une dardanelle.

L'ESSOUFFLÉ. Qu'est-ce qu'il nous chante avec ses bayadères, ses subjectifs et ses dardanelles? Pourquoi ne dites-vous pas tout bonnement un pantalon, un gilet, un paletot?

LE TEMPLE NEUF. Pourquoi ? Parce que c'est trop usé, parce que ma mission est d'innover, de régénérer l'art du tailleur, art sublime qui resterait sans moi dans les langes d'un passé rococo.

Air : Époux imprudent.

Sous les lois de l'antique usage,
Aux z-long-temps notre art fut asservi ;
Il fallait qu'un nouveau langage
Le préservât d'un dangereux oubli
Et ranimât son orgueil endormi.

L'ESPÉRANCE.
J'approuve fort votre harangue,
Pourtant, d'après les diverses raisons,
Si votre langue est neuve, vos habits
Ne sont pas comme votre langue.

LE TEMPLE NEUF. Les insolents. Je les siblerai dans mon journal.

L'ESSOUFFLÉ. Quel journal?

LE TEMPLE NEUF. *La Manche*, gazette des fonds de culottes.

L'ESSOUFFLÉ. Et vous ferez bien... Quant à moi qui goûte peu les innovations, je préfère aller décrocher quelque chose au vieux Temple... C'est peut-être moins élégant, mais c'est plus sûr.

LE TEMPLE NEUF. Ah ! vous le prenez sur ce ton ! Eh bien, je vous y conduirai moi-même au vieux Temple, et là, vous jugerez que de nous peut vous habiller de la meilleure manière. Suivez-moi, j'ai hâte de me mesurer avec cet antique patriarche et de le mettre en morceaux.

L'ESPÉRANCE. Allez-y donc tous deux, moi, je vous quitte.

TOUS. Au Temple!

CHOEUR.
Air du Panthéon charivarique.
Puisqu'il nous donne ici l'exemple,
Suivons-le tous sans hésiter,
Et dirigeons-nous vers le Temple,
Nous verrons qui doit l'emporter.
(Ils sortent. — Le théâtre change.)

Quatrième Tableau

La rotonde du Temple. — A droite et à gauche des boutiques.

SCÈNE PREMIÈRE.

LE CHIFFON, LA FERRAILLE, TIGE-DE-BOTTES, LA LAYETTE, MARCHANDS, MARCHANDES, PASSANTS.

CHOEUR.
Air de la Muette.
Amis, voici l'heure d'ouvrir,
Nous devons cesser de dormir,
Vers nous les chalands vont venir,
Soyons donc prêts à les servir.
(Des passants vont et viennent de côté et d'autre.)

LA LAYETTE, à une Grisette.
Allons, ma gentille grisette,
Choisissez, je suis la Layette,

LE CHIFFON, à une Dame.
Vendez-moi ce chal', mon trognon,
Voilà la marchand' de chiffon.

LA FERRAILLE, à un passant.
Qu'est-c' qu'achète de la ferraille?
Moi je prends tout, vaille que vaille.

TIGE-DE-BOTTES, à un autre.
Vos bott's tiennent peine à vos pieds.
Changez les contre en souliers.

CHOEUR. — REPRISE.
Amis, voici l'heure, etc.

LA LAYETTE. Eh! bien, ça va-t-il, père la Ferraille?

LA FERRAILLE, accent auvergnat. A la douche, on a tant de concurrence. C'est égal, le fer ne se tient pas pour battu, et vous, mademoiselle la Layette?

LA LAYETTE. Ça boulotte, le mari se conduit bien, l'enfant donne et la layette marche.

LE CHIFFON. Quant au chiffon, il n'est pas trop déchiré! De nos jours, le vieux se vend comme du neuf, demandez à Tige-de-Bottes.

TIGE-DE-BOTTES. Ça, c'est-z-une vérité. Aussi z'après avoir z'éprouvé bien des revers, j'ai fini par résister-zà mes crédits, et je commence à z-être un peu renté.

LA FERRAILLE. Ah! dame, ch'est que la Ferraille, le Chiffon, la Tige-de-Bottes et la Layette chont les vrais chevaliers du Temple.

Air du Major de Palmer.
Moi, ferrailleur, je travaille,
Et tout va ch'lon mon gré,
Car chez la vieille ferraille,
Je serai toujours ferré.

TIGE DE BOTTES.
Vainement-z on me dégote,
Devant moi-z on doit plier,
Quand je porte-z-une botte,
Je ne fais pas de quartier,

LE CHIFFON.
Sans qu'on puisse s'en défendre,
Aussitôt que l'on m'entend
Crier : Vieux chiffons à vendre!
Chacun accourt vivement.
Le chiffon sur terre abonde,
Le chiffon produit des fonds;
La drap, la moire, la blonde,
Tout cela devient chiffons.

LA LAYETTE.
C'est chez moi, chez La Layette,
Que l'on trouve chaque jour
Cette première toilette
Qui s'achète avec amour;
Aussi mon sort est prospère,
Et j'ai pour émolument,
Avec l'argent de la mère,
Un sourire de l'enfant.

LE CHIFFON. Ah çà, mais on a pas vu le père le Temple ce matin, est-ce qu'il aurait découché?

LA LAYETTE. Je ne sais, depuis quelque temps le vieux patriarche a l'air tout chose.

LA FERRAILLE. Oui, che crois qu'il a un coup de marteau.

TIGE-DE-BOTTES. Moi, je parie-z-un litre qu'il est dans ses petits souliers. (Ritournelle de l'air suivant.)

LA LAYETTE. Chut! je l'aperçois escorté d'un étranger huppé; recevons-le avec toute la pompe due à son rang.

SCÈNE II.

LES MÊMES, LE TEMPLE, LE LUXE.
CHOEUR.
Air de l'Ours et le pacha.
Honneur et gloire au vieux Temple,
A ce patriarche si bon,
Toujours il nous prêche d'exemple,
Chacun le vante avec raison.
LE TEMPLE, les repoussant avec impatience.
C'est bon (4 fois.)
CHOEUR. — REPRISE.
Honneur et gloire, etc.

LE TEMPLE. Assez! cessez de choruser comme ça, vous voyez bien que je suis avec une personne comme il faut, un génie très-bien porté, le Luxe, que je n'ai pas l'honneur de vous présenter.

TOUS. Le Luxe!

LA LAYETTE. Comment, le vieux Temple fréquente le Luxe?

LA FERRAILLE. Che n'est pas une raison pour repouchser nos hommages.

TIGE-DE-BOTTES. Pour faire-z ainsi sa tête.

LE TEMPLE. D'abord je fais la tête que je veux, et puisque vous voilà, je suis bien-a se de vous rencontrer pour vous remettre ces petits billets doux.

LES AUTRES. Des billets doux !

LE TEMPLE. Oui, le congé de vos baraques pour le terme prochain.

LES AUTRES. Pas possible.

LE CHIFFON. Quoi, vous nous chassez?

LA FERRAILLE. Vous nous expulchez de chos boutiques que nous occupons depuis des années?

LE TEMPLE. Les siècles ne font rien à l'affaire... d'ailleurs avez-vous un bail?.. Non. Eh bien, fichez-moi le camp... je veux rapproprier ma rotonde et la débarrasser de toutes vos vieilles guenilles.

LES AUTRES, indignés. Vieilles guenilles !

TIGE-DE-BOTTES. Le Luxe lui-z-a tourné la tête.

LA LAYETTE. Eh! bien, soyons aussi fiers que lui! et plantons-le là tout de suite.

TOUS. Oui! oui!

LE TEMPLE. C'est tout ce que je demande... Si vous croyez que je tiens à des saligots de votre espèce...

LA FERRAILLE. Les saligots chauront bien se passer de toi, ils ne resteront pas sur le pavé, et la preuve ch'est que je vais m'installer au quai de la Ferraille.

LE CHIFFON. Moi, rue Mouffetard.

LA LAYETTE. Moi, devant la Maternité.

TIGE-DE-BOTTES. Et moi à la halle-z-au cuir, et allez donc!

ENSEMBLE.
Air de Wallace.
Décampons au plus vite,
Abandonnons ces lieux,
D'une telle conduite
Nous sommes furieux.
LA LAYETTE.
Toi, qui fus jadis notre maître,
Toi, dont la main a dirigé nos pas,
Tu nous chasses tous, mais peut-être,
Un jour, tu nous rappelleras.
ENSEMBLE. — REPRISE.
Décampons au plus vite,
Abandonnons ces lieux, etc.
(Ils sortent tous, excepté le vieux Temple et le Luxe.)

SCÈNE III.

LE TEMPLE, LE LUXE.

LE TEMPLE. Enfin, mon cher petit Luxe, nous en voilà débarrassés. Sont-ils assez communs? hein! quels êtres triviaux !

LE LUXE. Allons, je vois avec plaisir que tu commences à comprendre le Luxe, et tu as raison; car le Luxe est le dieu du jour... c'est le Luxe seul qui attira la pratique, affriande le chaland... Vendez de la drogue, mais ayez des tapis sur vos planchers, des rosaces à vos plafonds, des dorures partout... et votre pelotte est faite.

LE TEMPLE. Il a raison; l'autre jour, dans un café, les glaces que j'ai bues étaient détestables, mais les glaces que j'ai vues étaient magnifiques. J'ai été bien content, j'y retournerai !

LE LUXE. Renverse donc tes boutiques poudreuses et élève à leurs places de riches portiques, d'élégants magasins, de superbes comptoirs.

Air du Dieu et la bayadère.
Chez toi que l'on contemple...
LE TEMPLE.
Chez moi que l'on contemple...
LE LUXE.
Un luxe oriental.
LE TEMPLE.
Un luxe oriental.
LE LUXE.
Fais enfin de ton Temple.
LE TEMPLE.
Que faire de mon Temple ?
LE LUXE.
Un Palais de cristal.
LE TEMPLE.
Un Palais de cristal ?
ENSEMBLE.
Quelle magnificence!
Chacun m'admirera,
t'admirera,
Car dans peu je le pense,
Ta
Ma splendeur brillera.

LE TEMPLE. Ah! sapristi, mes boutiques seront un peu mirobolantes!.. Je les louerai pour un an et je demanderai dix-huit mois d'avance. De cette manière, si mes locataires me quittent, mes loyers seront garantis.

LE LUXE. De mieux en mieux! Je cours donner des ordres à l'Architecture pour qu'elle termine au plus tôt ses opérations.

LE TEMPLE. Dites-lui qu'elle m'abatte, qu'elle me déchiquette, qu'elle me rase, et je lui paye une tournée.

ENSEMBLE.
(Reprise de l'air.)
Quelle magnificence, etc.
(Le Luxe sort.)

SCÈNE IV.

LE TEMPLE, LES DEUX STATUES.

LE TEMPLE. Allons, ça marche... Me voilà

dans le progrès jusqu'à la cheville. (*Montrant le fond.*) On a déjà abattu ces vieux murs qui obstruaient ma vue, et j'espère bien que ces deux vieilles statues ne resteront pas longtemps sur leurs piédestaux. (*Musique à l'orchestre*, *deux statues paraissent par le dessous, descendent de leurs piédestaux et s'avancent lentement vers le Temple.*)

Cinquième Tableau.

SCÈNE PREMIÈRE.

LE TEMPLE, DEUX STATUES.

LES DEUX STATUES.

Air de la Belle aux cheveux d'or.

Auprès de toi,
Nous ne resterons guère.
Si du bon sens voulant franchir la loi,
Tu veux chasser
Tes appuis tutélaires,
Ils quitteront ces lieux sans balancer.

LE TEMPLE, *atterré.* Ai-je le cauchemar ou la berlue ? Sont-ce bien mes statues ?

UNE STATUE. Oui, tes statues qui veillent sur toi depuis ta naissance.

LE TEMPLE. Bah ! et pourquoi avez-vous quitté vos socles ?

LA STATUE. Parce que tu veux abandonner la route que tu as suivie jusqu'à présent... parce que tu marches vers ta ruine.

LE TEMPLE. Ma ruine ! oh ! par exemple ! moi qui veux m'élever, qui aspire à tutoyer les plus beaux établissements de la capitale.

LA STATUE. Insensé !... songe donc que tout ce qui reluit n'est pas or.

Air du Dieu et la bayadère.

Ah ! que ton erreur cesse,
DEUXIÈME STATUE.
Oui, que ton erreur cesse.
PREMIÈRE STATUE.
A quoi sert son marchande,
DEUXIÈME STATUE.
A quoi sert aux marchands,
PREMIÈRE STATUE.
Une élégante caisse,
DEUXIÈME STATUE.
Une élégante caisse,
PREMIÈRE STATUE.
Quand ils n'ont rien dedans,
DEUXIÈME STATUE.
Quand ils n'ont rien dedans.
ENSEMBLE.
Si tu quittes ta sphère,
Le luxe te perdra,
Obéis, et j'espère
Que l'on t'approuvera.

(*Trémolo à l'orchestre.*)

LA STATUE. Chasse donc ces idées d'ambition qui te perdraient... Le Temple rajeuni cesserait d'être le vrai Temple, le Temple traditionnel, le Temple du succès et de la fortune.

LE TEMPLE. Au fait, je ne sais ce qui se mijote en moi depuis que je vous écoute ; mais voilà le bon sens qui me remonte.

LA STATUE. Il était temps, car ton rival le Temple neuf va venir ici avec l'Espérance, et le factotum de l'année... son but est de te faire rayer du programme de Mil huit cent cinquante-cinq, et tu aurais pu lui donner gain de cause en changeant tes allures.

LE TEMPLE. Le Temple neuf ! ah ! le gamin !... Mais rassurez-vous, je suivrai vos avis en bloc.

LA STATUE. Adieu donc, et ne songe plus à nous briser.

LE TEMPLE. Vous briser ! plus souvent ! je vous ferai récrépir... Tenez... vous avez là votre bras tout lézardé... ces chères petites statues ! Voulez-vous bien permettre ?... (*Il les embrasse.*) Dieu ! que c'est froid ! mais que c'est ferme ! Et l'on dit du mal des filles de marbre ! (*Les statues remontent sur leurs piédestaux et disparaissent.*)

LE TEMPLE. Nom d'une culotte !... c'est qu'elles sont arrivées à temps... une seconde de plus et je faisais une foule de boulettes suivie d'une multitude de brioches.

SCÈNE II.

LE TEMPLE, *puis* DES MAÇONS, *puis* LA FERRAILLE, TIGE-DE-BOTTES, LE CHIFFON, LA LAYETTE, MARCHANDS *et* MARCHANDES.

LES MAÇONS.

Air de Fernand Cortez.

Vers le Temple aujourd'hui,
En toute hâte il faut se rendre,
Il a, sans plus attendre,
Besoin de notre appui.
LE TEMPLE, *les apercevant.*
Des maçons ennemis
Au sein de mon empire !
(*Menaçant les maçons.*)
Gardez-vous de construire
Ou je vous démolis.

(*La Ferraille, Tige-de-Bottes et les autres arrivent par la droite portant tous des paquets.*)

CHŒUR.

Même air.

Vite déménageons,
Puisque de son Temple il nous chasse,
Ne lui faisons pas grâce,
Et nous nous vengerons.
LE TEMPLE.
Air de la Favorite.
Ce départ... est-ce un leurre ?
LES AUTRES.
Nous fions à jamais.
LE TEMPLE.
Vous quittez ma demeure ?
LES AUTRES.
Contemple nos paquets,
C'est trop souffrir ton humeur arbitraire,
Puisque tu n'es qu'un vil propriétaire,
Puisqu'avec nous tu fis le grand seigneur,
Reste donc seul avec ton déshonneur.
LE TEMPLE.
Air de Rabelais.
Mes enfants,
Soyez indulgents,
De mon orgueil je me repens,
Et pour mériter mon pardon,
Je vous offre à tous un canon.
LES AUTRES.
Quoi ! tout de bon
Il nous offre un canon !
(*On apporte des bouteilles et des verres.*)
LE TEMPLE.
Fi du luxe prôneur !
Maintenant je m'en flanque.
Vive mon vieux papier !
On l' satine à la Banque.
TOUS.
Vive son vieux papier,
On l' satine à la Banque.
Allons, amis, buvons,
Chantons,
Puisqu'il redevient bon garçon,
Accordons-lui tous son pardon.
Allons, buvons,
Trinquons, chantons !
LE TEMPLE.
Pour un bras de dandy
A la coupe baroque,
Je changerais aussi
Cette vieille défroque !
TOUS.
Vous changeriez aussi
Cette vieille défroque !

LE TEMPLE.
Air de la Sentinelle.
Non, non, vraiment, maintenant j'ai du ton,
Je garderai ce chic qui me distingue.
Ce pourpoint-là me vient de Saint-Ernest,
Et ce manteau de notre ami Mélingue.
Eh quoi ! j'irais en faire des morceaux ?
Non, par égard pour leur beau répertoire,
Je garderai ces oripeaux ;
Ils ont, comme de vieux drapeaux,
Remporté plus d'une victoire.

CHŒUR. — REPRISE.
Allons, amis, buvons,
Chantons,
Puisqu'il redevient bon garçon,
Accordons-lui tous son pardon.
Allons, buvons,
Trinquons, chantons !
TOUS. Vive le Temple !

LE TEMPLE. Il vivra, mes enfants, car il va reprendre à jamais ses vieilles traditions. (*Regardant au fond.*) Eh ! tenez, j'aperçois de la pratique, je vais vous prouver que le vieux Temple a toujours bon œil et bonne platine.

SCÈNE III.

LES MÊMES, L'ESSOUFFLÉ, LE TEMPLE NEUF.

LE TEMPLE NEUF. Suivez-moi, nous sommes arrivés.

LE TEMPLE, *s'emparant de l'Essoufflé.* Un beau paletot là, monsieur.

LE TEMPLE NEUF. Tout beau, vieil accapareur, ce bourgeois m'appartient.

LE TEMPLE. Du tout, il est dans mes domaines. C'est ma propriété. (*Ils se disputent l'Essoufflé.*)

L'ESSOUFFLÉ, *criant.* Ah ! je craque !

LE TEMPLE, *après lui avoir ôté un pan.* C'était mal cousu... ça doit venir du Prophète.

LE TEMPLE NEUF, *qui lui a arraché l'autre pan.* Ou du Prince Eugène.

LE TEMPLE. Connaisez mieux le Prince Eugène...

L'ESSOUFFLÉ. Ah çà, mais je ne peux pas rester ainsi ; un peu plus je ressemblerais au premier homme.

LE TEMPLE NEUF. Prenez cette robe de chambre.

LE TEMPLE. Du tout, prenez la mienne.

L'ESSOUFFLÉ. Allons ! ne vous fâchez pas, je les prends toutes les deux.

LE TEMPLE. Ah çà, mais qui es-tu donc, toi qui aspires à me chiper ma clientèle ?

LE TEMPLE NEUF. Comment, vieux radoteur, tu n'as pas encore deviné que je suis ton concurrent, ton ennemi... le Temple neuf !

LE TEMPLE. Le Temple neuf !... Mes statues ne m'avaient pas induit.

LE TEMPLE NEUF. Oui, le Temple neuf qui vient t'appeler en combat singulier, et qui espère bien te couler... aux yeux de tous.

LE TEMPLE. Me couler... toi !... Ah ! le moutard m'arrache des éclats de rire... Il fallait venir ce matin, tu avais chance de m'enfoncer ; mais maintenant que j'ai fait la nique au luxe, un t'en ratisse, mon petit... Oh ! là là !

L'ESSOUFFLÉ. Ce vieux papa le Temple me plaît ; j'étais déjà bien disposé à son égard, mais maintenant il jouit de mon estime intégrale.

LE TEMPLE NEUF. Comment, tu penches pour ce vieux rococo qui n'a jamais rien inventé, qui est toujours resté stationnaire et qui n'a pas seulement à l'exhibé la moindre nouveauté ?

LE TEMPLE. Tu crois ça, Fifi ! Eh bien ! et mon lavoir public, et ma cité ouvrière, et mes bains gratis ?

LE TEMPLE NEUF. Ça doit être du propre.

LE VIEUX TEMPLE. Certainement que c'est propre... Des cabinets comme on n'en voit peu, des robinets comme on n'en voit guère, et des baignoires comme on n'en voit pas, même dans le quartier Saint-Georges.

L'ESSOUFFLÉ. Décidément le vieux Temple est un brave homme... je lui donne ma pratique...

LE TEMPLE NEUF. Ainsi, tu lui décernes la pomme... tu me préfères cette antiquaille...

LE TEMPLE, *l'interrompant.* Voyons, galopin... ne t'insurge pas, que diable!... Je suis ton parrain!... je suis peut-être ton père... qui sait?... J'ai toujours été si mauvais sujet... Un jour, ou plutôt un soir... ceci est entre nous, mes enfants, venez tous... Non... je dois me taire... Mais au bout de quelque temps il était question du Temple neuf. Allons, viens ici, imbécile!... c'est un nom d'amitié.

Air de Léonide.

Écoute un peu, mauvais gamin,
Moi, grand Dieu! je suis assez riche,
Au bout du compte, je m'en fiche;
Tâche de faire ton chemin.
Veux-tu que je te conseille?
Après tout, tu n'en feras,
Entre nous, vois-tu, ma vieille,
Rien que ce que tu voudras.
Ne donne pas à plein collier
Dans mainte nouvelle manière,
Il faut rester dans son ornière
Pour réussir dans ce quartier,
L'omnibus en vain brouette
Pour six sous chaque habitant,
Ici l'on fait la navette,
Sans jamais bouger d'un cran.
Des cafés voir l'intérieur;
Du siècle, malgré les tempêtes,
Ce sont toujours les mêmes têtes
Lisant le même Moniteur,
Le Pierrot des Funambules
Est toujours le favori,
On regrette les retables
De la célèbre Saqui;
De Cartiou on pousserait
Aux brillants bonshommes de rire,
Si quelques acteurs qu'on admire
N'en étaient pas tout le portrait.
Qu'un traiteur ose paraître,
Que fera-t-il, ventrebleu!
Lorsqu'il voit régner en maître
Le vieux nom du Cadran-Bleu!
On veut détruire le Marais,
Il existe dans l'atmosphère;
De cet endroit le caractère
Ne s'anéantira jamais.
L'amateur qui s'y promène
Y voit, s'il est pénétrant,
Chaque jour de la semaine,
Le même aspect différent.
Le lundi d'abord l'ouvrier
Vient se régaler de théâtre;
Le mardi, bien moins idolâtre,
Arrive alors le boutiquier;
Mercredi, jeudi, le monde
Craignant de se mettre en frais,
Dans nos parages n'abonde
Qu'attiré par le succès;
Le vendredi, c'est ponctuel,
Tout semble se mettre au régime;
Le samedi ça se ranime
Avec le peuple d'Israël;
Enfin voilà le dimanche;
Une population,
Fondant comme une avalanche,
Ici fait irruption.
Pourquoi ce débat odieux?
Pourquoi nous déclarer la guerre?
Suivons plutôt notre carrière,
Nous réussirons tous les deux.
Des rivaux la peur s'efface

Quand leur zèle est sans pareil;
Toujours on trouve une place
Au travail comme au soleil.
As-tu compris, mauvais gamin?
Quant à moi, je suis assez riche,
Au bout du compte, je m'en fiche;
Tâche de faire ton chemin.

L'ESSOUFFLÉ. Ah! cette réconciliation continue à m'émouvoir. Je danserais volontiers un rigaudon...

LE VIEUX TEMPLE. Tiens, moi aussi.

LE TEMPLE NEUF. Venez donc au parc d'Asnières, à la Foire aux Plaisirs.

L'ESSOUFFLÉ. Je ne demande pas mieux; mais qui nous y conduira?

LE TEMPLE NEUF. Moi, qui suis le cavalier servant, le sigisbé de cette charmante personne, même qu'elle s'est plainte que je l'ai un peu trop affichée; c'est égal, elle ne me garde pas rancune, et sur un signe elle va paraître.

SCÈNE IV.

LES MÊMES, LA FOIRE AUX PLAISIRS.

LA FOIRE. Me voilà!

L'ESSOUFFLÉ. Ah! la belle femme!... et c'est madame qui est la fo...

LA FOIRE, *chantant.*
Je suis la fo...

LE TEMPLE. C'est l'air de *Bouton de rose.*

L'ESSOUFFLÉ. Un air de circonstance... Continuez, belle personne, vous nous faites diablement plaisir.

LA FOIRE.

Air: Bouton de rose.

Je suis la fête,
Les plaisirs naissent sous mes pas,
Dans le beau parc qui fait ma gloire,
Amis, ne me suivrez-vous pas?
Je suis la fête.

L'ESSOUFFLÉ. Ça ne rime pas.

LE TEMPLE. Elle veut dire... (*Il lui parle bas à l'oreille.*)

L'ESSOUFFLÉ. Au fait... la langue française est si pauvre.

LA FOIRE. Allons! prenez vos billets, et en wagon pour la Foire aux Plaisirs!

CHŒUR.

Air de la Schottisch.

Quand le plaisir nous/vous invite,
Vers Asnières courons/courez au plus vite,
Une paroisse visite
Doit nous/vous rendre tous les deux
Joyeux.

(*Changement à vue.*)

Sixième Tableau.

LE PARC D'ASNIÈRES.

Au changement, le tonnerre gronde; tous les danseurs et les danseuses courent et semblent chercher un abri. — Désordre général.

SCÈNE PREMIÈRE.

DANSEURS, DANSEUSES, *puis* LA FOIRE.

CHŒUR.

Air du Barbier.

Ah! quel orage (*bis*) effroyable!
Oui, tâchons de trouver un abri.
Ce déluge épouvantable
Va nous noyer tous ici.

LA FOIRE, *entrant.* Eh bien, poules mouillées, n'allez-vous pas faire croire à tout ce public qui assiège ma porte, qu'il peut pleuvoir dans le parc d'Asnières?

UN DANSEUR. Comment, est-ce que vous n'entendez pas le tonnerre qui gronde?

LA FOIRE. Erreur! Ce sont les hannetons qui bourdonnent.

UNE DANSEUSE. J'ai senti des gouttes d'eau sur mon bibi.

LA FOIRE. Illusion... Ce sont des oiseaux qui pleurent; et d'ailleurs si le tonnerre se permettait de résonner... en avant la grosse caisse, qu'elle fasse plus de tapage que lui... Si les nuées s'avisaient de crever, desséchez leurs eaux avec la flamme du punch, conjurez son humidité en vous inondant de champagne... reprenez vos quadrilles... sautez sur la terre pour l'affermir, dansez un galop infernal, la pluie ne pourra pas vous suivre, et mes brillantes illuminations se chargeront de faire pâlir les éclairs... En place donc pour les contredanses! Je vous annonce deux visiteurs d'importance... recevons-les au milieu des hourras et des vivats, et en avant la musique!...

CHŒUR.

Air: du Carnaval.

Crions à pleins poumons,
Comme de vrais démons,
Et donnons le signal
Du galop infernal.
Avec ce moyen-là
L'été nous restera.
Demeurons en plein air
Pour en chasser l'hiver,
(*A un Danseur.*)
Tu crains d'abîmer ton manteau,
(*A une Danseuse.*)
Toi, tu trembles pour ton chapeau.
(*A tous.*)
Quand ça se gâterait un peu,
Eh bien, les marchands ont beau jeu.
Chacun, ma foi, ne doit-il pas
De son travail vivre ici-bas?

CHŒUR. — REPRISE.

Crions à pleins poumons, etc.

SCÈNE II.

LES MÊMES, L'ESSOUFFLÉ, LE TEMPLE, *puis* L'ESPÉRANCE. (*L'Essoufflé a un costume tout en caoutchouc.*)

LE TEMPLE, *criant.* Ah! un parapluie! un parapluie! Qu'est-ce qui a un riflard ou un pépin à me prêter?

L'ESSOUFFLÉ, *riant.* Ha! ha! ha! Ce pauvre papa le Temple!.. Il fallait vous caoutchouquer des pieds à la tête comme moi... avec ce costume je ne sens rien. Je dégoutte, c'est vrai, mais je suis sec.

Air: Tout le long.

Malgré sa forte odeur de boue,
Je rends justice au caoutchouc.
L'eau sur lui dégringole et file
Comme sur l'ardoise et la tuile;
Mais je serais dans l'embarras
Sur mon dos si messieurs les chats
A leurs ébats allaient donner carrière,
Se croyant le long, le long d'une gouttière.

LA FOIRE. A quoi bon cet accoutrement? il attire l'averse comme le paratonnerre attire la foudre. Tenez, le nuage est passé. Voyez le beau clair de lune à travers mes fallots.

LE TEMPLE. Qui a donc pu faire ainsi changer le temps si vite?

L'ESPÉRANCE, *entrant.* Moi! l'Espérance.

TOUS. L'Espérance!

L'ESPÉRANCE. Oui, l'Espérance. Je t'amène une députation des bals de Paris, qui vient assister à ta fête de douze heures.

SCÈNE III.

LES MÊMES, SAINTE-CÉCILE, LE BAL DU CHATEAU D'EAU, LE WAUX-HAL, LE BAL VALENTINO, MABILLE.

ENSEMBLE.

Air de Bacchanal.

Puisque le plaisir s'apprête,
Sans que rien ne nous arrête,
Qu'ici chacun de nous fête

Ce festival
Sans égal.
LE WAUX-HALL.
Moi je suis le vrai Waux-Hall
En plaisirs fertile.
SAINTE-CÉCILE.
Moi je suis sainte Cécile,
La reine du bal.
VALENTINO.
Je suis Valentino.
MABILLE.
Moi le gai Mabille.
LE CHATEAU D'EAU.
Je suis le Château d'Eau,
Fils de Pilade !
ENSEMBLE.
Puisqu'ici l'on nous invite,
Puisque l'on vous rend visite,
Crac ! Bacchanal !
Tapage infernal !

L'ESPÉRANCE. Tu le vois, fervente prêtresse du plaisir, l'Espérance soutient les gens courageux et les fêtes seront toujours de mode... Les autres jardins, qui ouvrent à huit heures pour fermer à onze, n'ont que de pauvres petits coryphées du plaisir, mais à toi, qui donnes douze heures de danses et de jeux, à toi les véritables amateurs et les frénétiques polkeuses.

LE TEMPLE. Le fait est que douze heures d'entrechats, c'est coquet.

LA FOIRE. Je le crois bien. Aussi, trouve-moi dans ton quartier quelque endroit qui puisse m'être comparé.

LE TEMPLE. Nous avons le champ de navets.
L'ESSOUFFLÉ. Il a le champ de navets.
LA FOIRE. Des navets ! Voudrais-tu comparer tes galeries de pierre à mes belles rangées d'arbres et tes plafonds badigeonnés à la voûte céleste ! Fi donc ! il n'est qu'un eldorado sur terre, c'est le parc d'Asnières, qu'un paradis, c'est la Foire aux Plaisirs.

Air d'Henri Potier.
Dans cet asile du plaisir
On s'empresse d'accourir ;
La joie est si prompte à nous fuir,
Qu'il faut savoir la saisir.
Rangeons-nous tous
Sous la même bannière,
Et moquons-nous
Des médisants et des jaloux.
Oui, filons
L'étape dernière
D'Asnières,
Dansons polkas
Et mazurkas,
Et rédowas
Avec soin
Fuyez l'éclat de la dorure ;
C'est si lala
De la fraîche verdure !
CHOEUR. — REPRISE.
Oui, chantons, etc.
LA FOIRE.
DEUXIÈME COUPLET.
Bientôt les rigoureux frimats
Vont s'élancer sur nos pas,
Mais jusqu'au retour de l'hiver,
Amis, restons en plein air,
Trop tôt, hélas !
Gisant la pauvre terre,
Neige, tu vas
Nous la couvrir de ton verglas.
Ah ! filons
L'heure dernière
D'Asnières,
Dansons polkas
Et rédowas
Et mazurkas,
Et sommeillons

Tant que la triste bise dure,
Revivons
Quand renaît la nature.
CHOEUR. — REPRISE.
Dansons polkas
Et rédowas
Et mazurkas, etc., etc.
(Ballet, galop général. — Tableau.)

ACTE II.

La forêt de Bondy. — A gauche, un arbre auquel est accroché un écriteau qui porte ces mots : *Rue projetée pour l'année 1960.*

SCÈNE PREMIÈRE.
L'ESPÉRANCE, L'ESSOUFFLÉ.

L'ESPÉRANCE. Avance donc, paresseux, tu as bien de la peine à me suivre.

L'ESSOUFFLÉ. Écoutez donc, quand on a consommé du plaisir pendant douze heures, il est permis d'avoir les muscles endommagés. (Avec mystère.) Et puis j'ai fait connaissance d'une jeune personne de la haute... Six pieds deux pouces et un corset rose. Ah ! que je suis donc fatigué !

L'ESPÉRANCE. De sorte que te voilà enchanté du parc d'Asnières ?

L'ESSOUFFLÉ. Ôtes ébaubi ! Je le préfère au Parc aux huîtres, quoiqu'il n'y ait pas grande différence. Mais où m'avez-vous conduit ici ?

L'ESPÉRANCE. Dans la forêt de Bondy.

L'ESSOUFFLÉ. La forêt de Bondy ! Nous ne sommes pas en sûreté... Tiens, il y a quelque chose de gribouillé sur ce poteau... c'est une inscription. (Lisant.) Rue projetée pour l'année 1960. Une rue dans ce désert !... où diable les maisons vont-elles se nicher ?..

L'ESPÉRANCE. Que veux-tu ? les constructions sont à la mode de nos jours... on construit pour détruire et on détruit pour reconstruire.

L'ESSOUFFLÉ. Mais alors c'est la maladie de la pierre. (Bruit en dehors.) Quel est ce brouhaha ?

L'ESPÉRANCE. Ce sont les rues de Paris.

L'ESSOUFFLÉ, avec effroi. Un drame de l'Ambigu !... Ciel !.. fuyons !...

L'ESPÉRANCE. Mais non ! Ce sont les rues que l'on a démolies cette année et qui viennent demander asile à la forêt de Bondy.

SCÈNE II.

Les Mêmes, LA RUE JEAN-PAIN-MOLLET, LA RUE DES PROUVAIRES, LA RUE DU COQ, LA RUE DES MAUVAISES-PAROLES, LA RUE DE LA FIDÉLITÉ, LA RUE VIDE-GOUSSET. (Toutes ont une grande robe surmontée d'un capuchon et marchent péniblement appuyées sur des béquilles.)

CHOEUR.
Air nouveau de Krisell.
Au sein d'un asile
Que l'on dit tranquille,
Bien loin de la ville,
Veuillez par bonté,
Quand on nous remplace,
A défaut de place,
Nous donner de grâce
L'hospitalité.

L'ESSOUFFLÉ. Comment, ce sont là des rues de Paris ?.. ah ! qu'elles sont ratatinées ?

L'ESPÉRANCE. Tu les trouves bien vieilles, n'est-ce pas ? C'est justement le prétexte qu'on a choisi pour les supprimer de la voie publique.

RUE JEAN-PAIN-MOLLET. Et cependant si vous nous connaissiez, vous verriez que nous valons bien un tas de chipies de rues qui font leur pignon. (Aux autres.) N'est-ce pas ?

LES RUES. Certainement.

L'ESSOUFFLÉ. Je ne demande pas mieux que de vous connaître.

RUE JEAN-PAIN-MOLLET.
Air du Vin à soum.
Je suis Jean-Pain-Mollet,
Le boulanger naguère
Chez moi galment chantait
La Belle boulangère   (Bis.)
Mais, hélas ! quel affreux destin !
En dépit de ce gai refrain,
Malgré mes mitrons, c'est certain,
Je suis tombé dans le pétrin.

LA RUE DU COQ. Et la rue du Coq, donc ?
Air : Qu'il est flatteur.
Depuis que je suis démolie,
Mes boutiquiers sont furieux ;
Chacun d'eux se plaint, se récrie,
Martinet en perd ses cheveux ;
Le cafetier se désespère,
En se rappelant certain bloc,
De ce qu'on ne pourra plus faire
La poule dans la rue du Coq.

L'ESSOUFFLÉ. Dame ! si l'on trouvait la rue du Coq usée jusqu'à la corde.

LA RUE DES PROUVAIRES, les poings sur les hanches. Qu'est-ce qu'il nous chante là ! jour de Dieu !

L'ESSOUFFLÉ. A qui en a cette poissonnière. (Sentant.) Ah ! elle empoissonne.

L'ESPÉRANCE. C'est la rue des Prouvaires... le voisinage de la halle lui fait sentir un peu le poisson.

L'ESSOUFFLÉ. Qu'elle aille se parfumer, on a bien fait de la fricasser dans l'intérêt des nez publics.

LA RUE DES MAUVAISES-PAROLES. As-tu fini, Fifi ? Comment, grand savoyard, tu t'avises de nous mécaniser ? Je te croyais un bon nigaud et je vois que tu n'es qu'un muffle.

L'ESSOUFFLÉ. Un muffle !... c'est la rue des Mauvaises-Paroles. (Se fouillant.) Ah ! on m'a chipé mon mouchoir !

L'ESPÉRANCE. C'est la rue Vide-Gousset.

L'ESSOUFFLÉ. Ah ! encore un bon débarras ! Décidément je ne vois pas ce que l'on peut regretter de toutes ces vieilles ruines.

LA RUE DE LA FIDÉLITÉ. Et moi, monsieur ?
Air : de Mme Favart.
On a démoli, sans mot dire,
La ru' de la Fidélité,
N'est-il pas affreux de détruire
La ru' de la Fidélité ?
On n'eût pas fait une bévue,
Si l'on avait avec fidélité,
En ne supprimant que la rue,
Conservé la fidélité.
Mais je crains bien qu'on ait, avec la rue,
Supprimé la fidélité.

L'ESSOUFFLÉ. Ah ! les pauvres rues.

L'ESPÉRANCE. Pourquoi déplorer leur sort ?... regarde. (L'Espérance fait un signe, et sur les rues Jean-Pain-Mollet, des Prouvaires, du Coq, des Mauvaises-Paroles et Trainée, on lit Rue de Rivoli, sur la rue de la Fidélité et la cité d'Orléans : Rue de Strasbourg.)

L'ESSOUFFLÉ. Ah ! les voilà rajeunies... rue de Strasbourg ! rue de Rivoli !

L'ESPÉRANCE. Eh ! sans doute !

L'ESPÉRANCE.
Air : De votre bonté.
Avez-vous raison de vous plaindre
Et de montrer de stériles regrets ?
La routine seule est à craindre,
Et vous devez respecter le progrès.
Ses mains, vers l'avenir guidées,
Ont eu raison de saper vos débris.
Oui, cachez tous qu'aux nouvelles idées
Il fallait un nouveau Paris.
(Reprise du choeur d'entrée, les rues sortent.)

L'ESSOUFFLÉ. Ma foi, je commence à croire qu'on ne les a pas démolies pour des prunes...

Tiens... en parlant de prunes, je prendrais
bien un verre d'anisette, ou des chinois.

L'ESPÉRANCE. Des chinois? tu vas être servi.

SCÈNE III.

LES MÊMES, UN VRAI *et* UN FAUX CHINOIS.

LE VRAI ET LE FAUX CHINOIS.

Air : *Songes à m'obéir.*

C'est odieux vraiment,
La colère
Ici m'exaspère !
Bientôt au châtiment !
Tu ne pourras pas te soustraire.

L'ESSOUFFLÉ. Voyons, soyez plus froids et ne
vous prenez pas à la mèche... Il ne sera pas
dit que deux Chinois, deux f·ères...

LE VRAI CHINOIS. Lui un Chinois... allons
donc! c'est tout bonnement un vitrier pari-
sien, qui a revêtu ces vêtements chinois pour
enlever à la Chine son antique spécialité,
pour ruiner son commerce de potiches. Car,
que trouve-t-on chez les pâtissiers? des potiches! chez les charcutiers? des potiches!
partout enfin? des potiches!

LE FAUX CHINOIS. C'est ta faute... pourquoi
étais-tu si cher? il était temps que la potiche
fût mise à la portée de toutes les classes et de
toutes les bourses.

L'ESSOUFFLÉ. Et quelle est votre invention?

LE FAUX CHINOIS. Rien de plus simple, vous
prenez un bocal de cornichons et vous mettez
du papier sur les verres.

L'ESSOUFFLÉ. Tiens, je n'avais encore vu que
mettre des vers sur le papier.

LE FAUX CHINOIS. Vous mouillez... vous col-
lez... vous faites sécher, et le tour est fait.

Air de *Julie.*

Aussi la potichomanie
De tout s'empare avec raison.

LE VRAI CHINOIS.

C'est vraiment une infamie,
Je dirai plus, c'est une trahison.
Avec du verre contrefaire
Du Japon l'orfèvre souleur !
Laissez donc, c'est votre inventeur
Que l'on devrait mettre sous verre.

LE FAUX CHINOIS, *riant.* De l'ironie ! Ha ! ha !
ha !

LE VRAI CHINOIS. Ris... ris... je ne partirai
pas avant de t'avoir coupé la moustache.

LE FAUX CHINOIS. C'est un duel que tu me
proposes ?

LE VRAI CHINOIS. Un duel à mort !

LE FAUX CHINOIS. Eh bien ! j'accepte... as-tu
des armes ?

LE VRAI CHINOIS. En voici. (*Il fait un signe
et une cible paraît.*)

L'ESPÉRANCE. Ils vont se battre à la cible !

L'ESSOUFFLÉ. Ah ! pas devant moi, je suis
trop sensible...

LE VRAI CHINOIS, *au Faux Chinois.* Place-toi
là, et je vais te décocher une foule innombrable
de fourchettes.

L'ESSOUFFLÉ. Je ne craindrais pas un coup de
fourchette. (*Musique. — Le Faux Chinois se
place à la cible, le Vrai lui lance des fourchettes
sans l'atteindre.*)

LE VRAI CHINOIS, *avec désespoir.* Raté !

L'ESSOUFFLÉ, *au Faux Chinois.* J'ai bien cru
que vous étiez échiné.

LE FAUX CHINOIS. Il n'y avait pas de danger...
c'est un Chinois du théâtre de la Porte-Saint-
Martin... son adresse consiste à être maladroit.

L'ESSOUFFLÉ. N'importe..., je demande que
vous vous accordiez un armistice ; un mauvais
arrangement vaut mieux qu'un bon procès.

L'ESPÉRANCE. En parlant de procès, j'en ai
un curieux à te faire voir.

L'ESSOUFFLÉ. Vraiment !

L'ESPÉRANCE. Un procès nautique !

L'ESSOUFFLÉ. Lequel?

L'ESPÉRANCE. Celui de la Mare d'Auteuil, qui
vient de citer la Rivière du bois de Boulogne
devant le tribunal des Cascades.

L'ESSOUFFLÉ. La Mare d'Auteuil et la Rivière
du bois de Boulogne... transportez-m'y bien
vite... je n'ai jamais vu de cour d'eau.

ENSEMBLE.

Air de *l'Orphelin du parvis.*

Il faut, sans tarder davantage,
Descendre sur l'humide plage,
Et nous allons à peu de frais
Et vous allez
Être témoin du procès.

(*Tous sortent. Le théâtre change.*)

——

Huitième Tableau.

Une grotte de cristal. Blocs de rochers de part et
et d'autre.

SCÈNE PREMIÈRE.

L'ESPÉRANCE, L'ESSOUFFLÉ.

L'Essoufflé entre en bondissant et en sautant.

Air : *Che, êle, êle.*

Mais, mon Dieu, serais-je en élastique?
Je saute, bondis et ne puis pas retenir,
D'où me vient cette humeur gymnastique,
Qui me force ainsi de sautiller et de courir ?

L'ESPÉRANCE. Je vais te le dire : tu es ici
dans la salle du tribunal des Cascades.

L'ESSOUFFLÉ. Des cascades ? c'est cela, oui,
j'en subis l'influence malgré moi. J'ai envie
de cascader, de devenir un cascadeur.

L'ESPÉRANCE. Cela ne m'étonne pas.

Air nouveau de *Krisel.*

Cascade, (*bis*)
C'est partout mari général,
Tout est pasquinade,
Au physique, au moral,
Ce fameux drame que l'on prône,
Et ce grand romancier qui trône,
Et qui promet, chaque matin,
De son long feuilleton la fin
Au numéro prochain !
Cascade, etc.

Sur les murs les grandes affiches
En belles promesses si riches,
Des théâtres les grands succès,
Et des magasins au rabais
La vente après
Bêche :
Cascade, etc.

Du jour de l'an les accolades,
Les cartes et les embrassades,
Des concierges les compliments,
La probité des trafiquants,
Les serments des amants :
Cascade, etc.

L'ESSOUFFLÉ. J'espère que ce n'est pas ce
genre de cascade que vous allez me montrer.
Nous sommes venus pour assister à un procès
nautique, et je ne vois pas le moindre filet
d'eau.

L'ESPÉRANCE. Voilà la cour qui jaillit de ce
côté; attention !

SCÈNE II.

LES MÊMES, LE BASSIN DU DRAGON, LA
PIÈCE D'EAU DES SUISSES, LA CAS-
CADE DE SAINT-CLOUD, JETS D'EAUX
DIFFÉRENTS.

CHŒUR.

Air de *Krisel.*

Dans son lit de justice,
Le bassin du Dragon,
Constitué d'office,
Vient, sans nul artifice,
Selon l'ancien usage,
Commencer sa séance,
On donner le paré·o.

(*Ils se placent.*)

L'ESSOUFFLÉ. Je ne les reconnais pas au premier coup d'œil, je ne les ai pas encore ren-
contrés à la ville, je ne les ai aperçus que sur
la scène, sur leur scène à eux... Quant au
président, je ne l'ai jamais vu en chaise ; je
ne l'ai vu qu'en eau.

L'ESPÉRANCE. C'est le Bassin du Dragon...
Voici la Pièce d'eau des Suisses qui fait les

fonctions d'huissier, et à côté, la Cascade de
Saint-Cloud.

L'ESSOUFFLÉ. Elle est gentille, cette petite
Cascade... Je plaisanterais bien un peu avec
elle...

L'ESPÉRANCE. Silence donc! Nous sommes
en pleine tribunal.

L'ESSOUFFLÉ. Ah! sapristi ! Il fait de l'humidité ici... Je m'enrhume, je regrette mon
costume de gutta-percha.

L'ESPÉRANCE. Un peu de patience! Tu t'é-
chaufferas pendant la discussion.

LE DRAGON. Faites faire silence, huissier.

LA PIÈCE D'EAU DES SUISSES. Taisez-vous, ou
je vous vide à la borde.

L'ESSOUFFLÉ. Ce Suisse a un joli organe.

LA PIÈCE D'EAU DES SUISSES. Zélanze !

LE DRAGON. La séance est ouverte. Permettez au président des grandes Cascades, au
Bassin du Dragon, de faire un petit discours
préliminaire... Je vais m'étendre sur l'eau...

L'ESSOUFFLÉ. Il va faire la planche.

LE DRAGON. Mes expressions, je l'espère,
n'auront rien de vague : mes paroles seront
claires et mon raisonnement limpide. L'eau,
mes enfants... l'eau étant... ou plutôt n'étant
pas... Si, je disais bien : l'eau étant... parce
que dans l'étang il y a de l'eau... L'eau est
la panacée universelle. Quand on veut parler
de quelque chose extraordinaire on se demande si ça va sur l'eau... Les fontaines
surgissent de toutes parts... les cataractes
abondent... Ne nous aveuglons pas sur les
dourades... que... qui... que... Enfin, je
crois en avoir assez dit sur l'eau. Greffier,
appelez les causes.

LE BASSIN DU PALAIS-ROYAL, *toussant.* Hum !
hum! hum !

L'ESPÉRANCE. C'est le Bassin du Palais-
Royal qui sert de greffier.

LE BASSIN, *lisant.* Les petits Ruisseaux
adressent une demande au tribunal.

LE DRAGON. Qu'est-ce qu'ils veulent ?

LE BASSIN. Une place dans la hiérarchie
aquatique.

L'ESSOUFFLÉ. Dame! ils ont raison... Les
petits ruisseaux font les grandes rivières.

LE BASSIN. Les petits Ruisseaux murmurent
toujours... l'huissier à l'ordre du jour.

LE DRAGON, *lisant.* Le Château-d'Eau contre
la Fontaine des Innocents.

LE DRAGON. Il fait un embarras avec ses
lions... qui ont l'air d'autant de bonnes de
porteurs d'eau... Son procès est injuste, la
Fontaine des Innocents ne peut être coupable.

LE BASSIN, *lisant toujours.* Les Sirènes de
la place de la Concorde contre la Naïade
d'Arcueil.

LE DRAGON. Allons, bon... elles sont sur la
place de la Concorde et elles veulent se dis-
puter. Et qui attaquent-elles ? le breuvage le
plus sain de la capitale... Allons donc !

Air de *Lantara.*

Je trouve, moi, que ces Sirènes
Au lieu d'attirer le passant
Qui vient auprès de leur fontaine,
Lui jettent d'un air menaçant,
Plein sur habits leurs flots en vomissant.
Mais l'eau d'Arcueil, dirons-le, sur la terre
Depuis longtemps ne roule pas en vain,
Elle offre au moins sa boisson salutaire
Aux pauvres gens qui n'ont jamais de vin.
Oui, ton breuvage est sain et salutaire,
Et l'on en boit quand on n'a pas de vin.

LE BASSIN, *continuant.* La Chaux-pompe...
contre l'Irrigateur. (*Murmures dans l'auditoire.*)

LE DRAGON. Silence, Cascades? Qu'est-
ce que c'est que cette cause-là?

LE BASSIN. Une attaque en contrefaçon.

LE DRAGON. Ce n'est pas de notre compé-
tence, je ne connais pas ces Messieurs. L'Irrigateur et la Chaux-pompe ne sont pas de notre
bord.

LE BASSIN. Ils prétendent qu'ils sont des jets d'eau et...

LE DRAGON. Des jets... Continue, je veux voir jusqu'où ils pousseront l'insolence. (*Cris dans la salle.*) Silence donc !

LE BASSIN. Ils demandent à être introduits.

LE DRAGON. Introduits ? comment ?

LE BASSIN. Ils ne s'expliquent pas.

LE DRAGON. J'admire cette outrecuidance... Eh bien ! qu'ils entrent... par la porte dérobée... (*Murmures.*) Silence donc, ou je fais évacuer la salle... Appelez une cause plus décente.

L'ESSOUFFLÉ. C'est égal, on a tort de ne pas les recevoir... quelquefois on est bien aise de les trouver.

LE BASSIN. La Mare d'Auteuil contre la Rivière du Bois de Boulogne. (*Murmures dans l'auditoire.*)

LE DRAGON. Toutes marques d'approbation ou d'improbation sont rigoureusement interdites.

L'ESSOUFFLÉ. Très-bien, très-bien.

LE DRAGON. Hein ?

L'ESSOUFFLÉ. Je dis très-bien, très bien.

LE DRAGON. C'est une marque d'approbation, ça... Allez vous asseoir.

LE BASSIN. Cette cause étant en ordre utile, faut-il faire entrer les parties ?

LE DRAGON. Oui ; quels sont les témoins ?

LE BASSIN. La Pompe à feu de Chaillot et le Lac d'Enghien.

LE DRAGON. Ceci étant une affaire importante, l'auditoire a un moment pour se retirer et se communiquer les bêtises qui lui passeront par la tête. (*On se lève, on parle ; le Dragon se lève, ouvre sa tabatière et se met à priser.*)

L'ESSOUFFLÉ *s'approchant du Dragon et puisant dans sa tabatière.* Permettez...

LE DRAGON. Vous prenez du tabac ? Eh bien ! moi, j'en achète.

L'ESSOUFFLÉ. Vieux cancre !

LE DRAGON. Attention ! Le tribunal rentre en séance.

L'ESSOUFFLÉ. Pardon, j'avais encore une bêtise à dire.

LE DRAGON. Eh bien ! allez, dépêchez-vous.

L'ESSOUFFLÉ. Non, grande Cascade... c'est à votre tour... je me récuse... je n'ai pas tant d'habitude que vous d'en dire en public.

LE DRAGON. Je reçois votre amendement... Qu'on fasse entrer les susnommés.

SCÈNE III.

LES MÊMES, LA MARE D'AUTEUIL, LA RIVIÈRE DU BOIS DE BOULOGNE, LA POMPE A FEU, LE LAC D'ENGHIEN.

ENSEMBLE.

Air du *Domino*.

En vain sur moi tu voudrais l'emporter,
Pour te confondre, ici, rien ne peut m'arrêter ;
N'espère pas triompher de moi,
Je saurai te faire la loi.

LE DRAGON. Approchez, on dit processives.

LA MARE D'AUTEUIL, *déclamant*.

Souffrez, en toute diligence,
Que devant la cour je m'avance ;
J'espère que le tribunal,
Bien loin de m'accabler sous son arrêt fatal,
Va m'entendre avec indulgence.

LE DRAGON. Assez ! Ne rimez pas... les rimes me portent sur les nerfs.

LA MARE. Je parle comme parlaient les poètes dont je suis la contemporaine ; Vadé, Collé, Gollet.

L'ESSOUFFLÉ. Ah ! je les connais. Ils ont fait de jolies choses... pas pour des pensions de demoiselles.

LA MARE. C'est sur mes rives que les poètes venaient s'inspirer... Ce n'est pas étonnant que quelques rimes soient tombées dans mon sein... Oui, j'ai entendu souvent sur mes bords Molière réciter quelques-unes de ses immortelles comédies... Boileau, ses mordantes satires et La Fontaine ses ingénieux apologues.

L'ESSOUFFLÉ. Maintenant on n'y entend plus que les grenouilles, qui y font un vacarme épouvantable.

LA MARE. Et tenez, un jour j'ai failli avoir l'honneur de les noyer, ces trois grands hommes... oui, mon tribunal.

Air : *Masaniello*.

Se trouvant dans l'état de grève
Et trébuchant à chaque pas,
Je les vis tous trois sur mes rives,
Et, dam', je leur tendais les bras !
De les recueillir j'étais fière,
Je les aurais gardés.

LE DRAGON,

Tout beau,
La Fontaine, Boileau, Molière,
Ne pouvaient pas tomber dans l'eau,
La Fontaine, Boileau, Molière,
Remontraient toujours sur l'eau.

LA MARE. Enfin, n'en parlons plus, j'ai manqué une belle occasion. Mais revenons à mon affaire. Depuis ce temps-là donc, j'étais la reine des eaux du bois de Boulogne, la seule naïade de ce bois... maintenant on me regarde à peine... on ne parle plus que de cette potée d'eau qui s'appelle Lac, et de ce fossé boueux qui s'intitule Rivière.

Air de *l'Ours et le Pacha*.

A travers ce bois mouillé,
Voyez-la donc prendre sa course ;
Elle n'a pas l'air désolé,
Quoiqu'elle n'ait pas de ressource.
En été, lorsqu'il fait trop chaud,
Elle n'en est pas moins altière,
Sous prétexte qu'elle est sans eau,
Cette dame fait sa poussière.

LA RIVIÈRE. Oh ! si on peut dire... de la poussière, moi !

L'ESSOUFFLÉ. C'est peut-être de la boue ?

LA RIVIÈRE. De la boue !

LA MARE. Oui, oui... demandez aux poissons rouges, ils en disent de belles sur votre compte ; ils aimeraient autant être dans une poêle à frire que dans votre lit... Je conclus à ce qu'on la comble, non pas d'égards, mais d'immondices, de romans nouveaux, de fumier, de tragédies, et de récits à la tartare.

LE BASSIN. La parole est à la Rivière du bois de Boulogne.

LA RIVIÈRE. Pardon !... J'ai le gosier tellement desséché que j'ai de la peine à parler... je prendrais bien un verre d'eau.

L'ESSOUFFLÉ. Qu'elle y mette un doigt de vin, ça fait qu'elle pourra parler d'abondance.

LA RIVIÈRE. Mon Dieu ! j'ai bien de la peine à me défendre, je suis si jeune.

L'ESSOUFFLÉ. C'est vrai... elle n'est pas encore formée.

LA RIVIÈRE. Le Lac, mon frère de lait, car nous avons eu la même roche pour nourrice, a paru le premier... Tous les regards se sont fixés et y lui, et j'étais orgueilleuse de l'admiration dont il était l'objet... Je n'ai pas songé à moi... je lui ai laissé tout prendre... en bonne sœur, je n'ai rien réclamé... Maintenant, faut-il me retirer du monde ? J'y consens ; mais que l'on respecte le Lac qui donne tant de charme à cette élégante promenade, et, heureuse du succès fraternel, je me renfermerai dans mon obscurité... Et puis j'ai un autre avantage.

Air du *Pirate de Berthe*.

Sur mes bords fleuris, sans vous effrayer,
Enfants, venez vous danser, sautiller,
Vous pourrez tomber, si le pied vous glisse,
Dans cet innocent petit précipice,
Sans vous y mouiller.

LE DRAGON. Écoute donc, mon enfant, on n'exige pas que tu te retires ; mais puisque tu veux être rivière... il te faut de l'eau. Vois moi... j'ai de l'eau : je suis bassin.

L'ESSOUFFLÉ. Oh ! oui, quel bassin !

LE DRAGON. Voyons, sois franche, as-tu des défauts ? tu manques d'ordre... tu bois peut-être ?

LA RIVIÈRE, *baissant les yeux*. Dame ! monsieur le président, c'est la faute de ma terre glaise.

LE DRAGON. Voilà... elle est en glaise... Écoute-moi.

Air de *Grégoire*.

Calcine un peu ton terrain,
Qu'il devienne plus marin,
Surtout conserve la pluie
Qui sur toi sans parapluie
Tombe du soir au matin.
Enfant, crois bien
Que je parle pour ton bien ;
Ne pense pas comme Grégoire,
Cesse de boire,
Reste sans boire.

LA MARE. Allons donc... elle est incorrigible.

LE CANAL SAINT-MARTIN. C'est vrai ça... On ne s'occupe plus de nous... Moi, le Canal Saint-Martin, ne parle-t-on pas de me démolir... Faudra donc que j'aille ouvrir les portières des voitures et vendre des contre-marques ?

LE LAC D'ENGHIEN. Vous verrez que les malades imaginaires abandonneront le lac d'Enghien et iront prendre les eaux à sec chez cette intrigante.

TOUS. Oui ! c'est une intrigante !

LE PRÉSIDENT. Allons, bon ! voilà tous ces lacs et toutes ces rivières dans un trouble général.

L'ESPÉRANCE. Rassurez-vous.

Air de *Rose et de Marguerite*.

De cette enfant, moi, je prends la défense,
Pour elle, ici, c'est moi qui parlerai,
Écoutez tous, car je suis l'Espérance,
Et de ses torts je la disculperai.
Dans ce pays où sans cesse on devance
De l'avenir le pas si mesuré,
Ce qui perd tout, c'est trop d'impatience,
Cruel début pour qui rien n'est sacré,
Sur cette terre il faut savoir attendre ;
Croyez-le bien, chaque chose a son tour,
Attendez donc, car vous devez comprendre
Qu'on n'a pas fait Paris en un seul jour.
Combien de temps, grandes eaux de Versailles,
Et que d'argent n'avez-vous par coûté !
Sans mille efforts et sans de rudes tailles,
Cette merveille aurait-elle existé ?
Mon cher canal, entrepôt du commerce,
Reste toujours souverain des faubourgs,
Toi, lac d'Enghien, sur ton onde qui berce,
Joyeusement fais voguer les amours.
Mais laissez-là cette douce rivière,
Qu'en ce moment vous tâchez d'accabler,
Laissez-la tous poursuivre sa carrière,
Et gardez-vous de la faire couler ;
D'un enchanteur la magique baguette
A fait surgir ces éminents travaux,
De l'architecte admirez la conquête,
Comme Molière disait des flots,
Grâces à lui, d'une œuvre salutaire
J'dilit le pain du pauvre travailleur ;
Si son labeur a fatigué la terre,
On a payé largement son labeur.
De cette enfant, moi, je prends la défense,
Pour elle, ici, c'est moi qui parlerai ;
Écoutez tous, car je suis l'Espérance,
Et d'ses torts je la disculperai.

LE DRAGON. La cause est entendue, le tribunal donne raison au Bois de Boulogne.

CHŒUR. — REPRISE.

Dans son lit de justice,
Le Bassin du Dragon, etc., etc.

(*Tous sortent, excepté l'Espérance et l'Essoufflé.*)

L'ESSOUFFLÉ. Ces débats m'ont affecté. Je voudrais me trouver dans un endroit moins aquatique et plus riant.

L'ESPÉRANCE. Que ton vœu soit accompli !

Des nuages d'une teinte blanche et rose descendent.

Neuvième Tableau

SCÈNE PREMIÈRE.

L'ESPÉRANCE, L'ESSOUFFLÉ

L'ESSOUFFLÉ. Où suis-je ? Ah ! j'éprouve un

bien-être délicieux... Je ne sais pas ce que j'ai,
mais je vois tout en rose; je me sens disposé
à aimer le monde entier.

L'ESPÉRANCE. C'est que tu es ici dans le
royaume de la Paix.

L'ESSOUFFLÉ. La Paix ! elle existe donc véritablement ? Ah ! je me sens de plus en plus
animé des meilleurs sentiments, je ne peux
pas y tenir; il faut que je vous embrasse.

L'ESPÉRANCE. Calme-toi !...

L'ESSOUFFLÉ. Non... vous ne pouvez pas
vous défendre, la Paix ne permet pas la polé-
mique. (*Il l'embrasse.*) Oh ! que j'aime donc
la Paix ! Je ne comprends pas comment Malbrough tenait tant à s'en aller-t-on guerre.

L'ESPÉRANCE. Tenons-nous à l'écart... J'aperçois la déesse de ce jour... Cette pauvre Astrée semble triste et rêveuse.

L'ESSOUFFLÉ. Ne troublons pas ses pensées.
(Ils s'éloignent. La Paix entre.)

Dixième Tableau.
SCÈNE PREMIÈRE.
LA PAIX, *seule.*

Je reviens en tremblant sur cette pauvre terre,
Quand la Guerre y mugit comme au fond d'un cratère
Suppliants, éplorés, les mortels malheureux
Après tant de combats, m'appellent auprès d'eux.
Faut-il leur résister ?... Enfin faut-il attendre,
Pour descendre ici-bas, qu'on sache me comprendre ?
Qu'on m'y garde toujours ? qu'on veuille désormais
Me voir seule régner !... Je n'y viendrais jamais.
La Paix, présent divin, qu'en sa miséricorde,
Dieu, comme récompense, à ses élus accorde,
Vous la fouler aux pieds... Abjurez ces erreurs,
Ne faites plus d'Astrée, hélas! couler les pleurs;
Pensez au Rédempteur pardonnant à l'impie,
Qui ne sait ce qu'il fait quand il te conspue.
Certes, il est très-beau de cueillir le laurier,
Mais la Sagesse a dit de planter l'olivier.

(Musique douce.)

Le ciel comble mes vœux ; la musique céleste
Des anges du Très-Haut en ce moment m'atteste
Que mes vœux et fervents ne sont pas superflus,
Encore un peu de temps, et je ne battrai plus.

(Musique forte, coups de canon.) [rage,
Qu'entends-je ?... c'est la Guerre... la Guerre sera de
Qui, de sa voix cruelle, ordonne le carnage,
Éloigne-toi d'ici, redoutable déco!
Reste dans le néant, pâle enfant du tombeau.

(Entre la Guerre.)

SCÈNE II.
LA PAIX, LA GUERRE.
LA PAIX.

La Guerre !

LA GUERRE.

Oui, ma sœur, cesse donc ton blasphème.

LA PAIX.

Mon blasphème?

LA GUERRE.

Ma sœur, tu sais bien que je t'aime,
Que toi seule es le but des courageux efforts
Que font tous mes soldats au bravant mille morts,
De cruelles douleurs la Guerre est un abîme,
Mais quand sa cause est juste, elle n'est pas un crime.
Lorsque, cédant enfin à la nécessité,
Elle exige qu'un roi respecte son traité,
Quand, un faible opprimé pour soulager les peines,
D'un esclavage infâme elle brise les chaînes,
Que des yeux aveuglés elle ôte un voile épais,
La Guerre alors est utile et vaut mieux que la Paix.
Je ne parlerai pas de triomphe et de gloire,
Du prestige brillant dont donne la victoire,
Non; je te montrerai ces villages fumants,
Des peuples massacrés les membres palpitants,
Si je suis un fléau, c'est que l'œuvre s'achève,
Avant le châtiment ne rentrons pas le glaive,
Guerre au provocateur!... Qui sert bien son pays
Ne doit pas éventer les timides avis.

LA PAIX.

Lorsque j'entends crier ces mots affreux : Aux armes!
Je ne discute pas; mais je répands des larmes,
Malgré moi je ne vois folle de désespoir,
En tigres furieux et farouches, de voir
Dans les temps éclairés où maintenant nous sommes!
Pour l'appât du butin s'entr'égorger les hommes.

LA GUERRE.

On m'appelle la Guerre, et pourtant comme toi,
Va, de l'humanité je respecte la loi;
Par goût et par état je suis peu politique :
Parler peu, mais agir, c'est toute ma tactique.
Je suis franche, loyale, et si dans les combats,
Si je lève dix : Marchez, serrez les rangs, courage !
Si je crie aux marins : Courez à l'abordage !
Si je veux vaincre, enfin, c'est dans tes intérêts :
C'est pour consolider l'empire de la Paix.
Ma belle et douce sœur, pour moi sois moins sévère,
Et, dans mes grands desseins, dis plutôt : Persévère!
Car lorsqu'on méconnaît la voix de la raison,
Il faut avoir recours à celle du canon.

LA PAIX.

De l'antique barbare imitant la furie,
Faut-il donc renoncer à l'art, à l'industrie?
Troquer contre le sang de superstitieux
De l'être intelligent le sang si précieux,
Et laisser moissonner dans ce pays sauvage
Les hommes d'avenir par la faux du ravage?

LA GUERRE.

Lorsque le serf grossier, sans courage et sans peur,
Obéissant au chef, se défend, tue et meurt,
Que fait pour un principe ou sa mort ou sa vie?
La victoire chez lui, c'est la rage assouvie;
Mais les héros martyrs, mais les vaillants soldats,
Qui, la pensée au cœur, s'élancent aux combats,
Les hommes d'avenir, victimes de la guerre,
En répandant leur sang fertilisent la terre,
Et marquent sur le sol, par d'utiles trépas,
Des limites qu'un jour on ne franchira pas.

L'ESPÉRANCE, *arrivant.*

Bien parlé ! bien parlé ! L'Europe te regarde,
Brave Guerre, et ne voit qu'en toi sa sauvegarde;
Tu tiens son équilibre en tes puissantes mains;
Jusqu'au bout, il le faut, accomplis tes desseins.
La tâche, je le sais, n'est pas finie encore,
Et tu n'as du triomphe vu que l'aurore;
Mais tu réussiras, j'ose le garantir.
Le bon droit, aujourd'hui, ne peut s'anéantir,
Et toi, divine Paix, un peu de patience,
Laisse-toi consoler par moi, par l'Espérance,
Et, grâce à mon pouvoir, je veux chasser les cœur,
D'avance, en te montrant le rêve du bonheur.

(Musique.)

Contemple ce tableau, c'est de la sainte ivresse
Qu'on promet aux élus l'image enchanteresse,
Si la saine raison pouvait suivre son cours,
Les humains verraient tous ainsi passer leurs jours.

Onzième Tableau.

Le théâtre change et représente le tableau de l'opéra,
LE RÊVE DU BONHEUR.
CHŒUR.
Air de Guénée.

La Paix toujours est la reine du monde,
    C'est sur elle que chacun fonde
    Et l'espérance et le succès.
    Gloire à ses éternels bienfaits!

ACTE III.
Douzième Tableau.

Un salon avec des attributs de saltimbanque.
SCÈNE PREMIÈRE.

DUCANTAL, SOSTHÈNES, GRINGALET,
ATALA, ZÉPHIRINE. *Au lever du rideau
ils entrent par le fond, des bouquets à la
main.*

ENSEMBLE.
Air de la Fiancée.

De Bilboquet c'est la fête :
    Pour lui prouver notre amour,
    Que chacun ici s'apprête
    À le chanter en ce jour.

SOSTHÈNES. Personne !

GRINGALET. Visage de bois!

ZÉPHIRINE. Il paraîtrait que le grand Bilboquet a cessé d'être matinal depuis qu'il est
devenu rentier.

ATALA. Dame !... puisque les moyens lui per-
mettent de taper de l'œil, il a raison, l'illustre
homme !...

ZÉPHIRINE. C'est comme nous qui n'avons
qu'à nous balader du matin au soir.

ATALA. Le fait est que nous avons fait un
crâne de chemin... Sosthènes c'est devenu l'hé-
ritier du maire de Meaux; Gringalet a obtenu
une place de cantonnier du chemin de fer;
moi, l'ex-femme sauvage, j'ai été nommée
professeur d'équilibre dans une famille an-
glaise et bossue ; quant au père Ducantal !

DUCANTAL. Oh ! moi, je n'ai pas changé, je
suis toujours... *(Éternuant.)* Atchi !...

GRINGALET. Que le grand Bilboquet vous
bénisse!... Ah çà! mais à propos de Bilboquet,
nous sommes venus ici avec nos costumes tra-
ditionnels et des bouquets pour lui souhaiter
sa fête, et le grand artiste manque son entrée.

DUCANTAL. Mes enfants, si vous voulez que
je vous dise mon o inion, c'est que dans tout
état de cause... Ah! sacredié! quel rhume!...
Dans la position où se trouve l'humanité...
Ah!... Sosthènes, achève mon idée.

SOSTHÈNES, *d'une voix douce.* Père!...

DUCANTAL, *l'imitant.* Père !.. A quoi penses-
tu là?

SOSTHÈNES. Père, je cherchais le nom de la
neuvième muse.

DUCANTAL. Imbécile... est-ce que c'est le
moment de... *(Éternuant.)* Ah! sai redié !

GRINGALET. Ah çà, mais l'heure avance et
l'immense homme ne paraît pas.

ATALA. Il me vient une idée pour le faire
venir. L'honorable *société* se rappelle-t-elle
la symphonie favorite que nous exécutions
sous les ordres du grand chef ?

TOUS. Oui ! oui!

ATALA. Zéphirine, prends ce cor ; Sosthènes,
ce chapeau chinois; Gringalet, ce triangle ;
moi, la grosse caisse .. et en avant la romance
favorite... surtout attention à la note!... Je
commence.

Air de Joseph.

Ô Bilboquet, patron du saltimbanque,
Accepte le bouquet qui t'est offert,
En ce beau jour tout se vient te flanquer
Avec ensemble un superbe concert.
De tes sujets vois les enfants éparses,
Accours ici le jeter dans nos bras,
Et vient recommencer tes farces,
Pour que le goût n'en passe pas!

TOUS.

Ah! viens recommencer, etc.

*(Ils jouent la ritournelle sur leurs instruments, ce
qui produit un charivari comique.)*

SCÈNE II.
LES MÊMES, BILBOQUET.

BILBOQUET. Cet air mélodieux !... cette suave
harmonie. Ah!... ce sont eux... Passez-moi les
cymbales, et bas au morceau.

TOUS.
REPRISE.

Il vient
    Je viens recommencer ses farces,
                              nos

Pour que le goût n'en passe pas.

L'ESSOUFFLÉ, *à part.* Ah! c'est déchirant!

ATALA. Tu n'as donc pas perdu ton atout !

BILBOQUET. Moi? Allions donc ! plus solide
que jamais au boniment. *(Faisant la parade.)*
Pour que cette soirée soit digne de monsieur
le maire, qui en fait le plus bel ornement, l'in-
comparable Zéphirine dansera le pas de la
gaine, et l'inimitable Atala avalera des cail-
loux en chantant : Il va venir, le sultan que
j'adore... Allez la musique, Gringalet. *(Il lui
donne un coup de pied.)*

GRINGALET. Aïe !...

TOUS. Bravo! bravo!

L'ESSOUFFLÉ. Il n'a rien perdu de ses moyens.

GRINGALET. Toujours la même verve.

BILBOQUET. Et qui vous faisait supposer que
je fusse dans les dégommés?

ZÉPHIRINE. Dam! c'est qu'il est midi à la
montre d'or du père Ducantal...

DUCANTAL. Midi trente et... (*Il éternue.*) Ah! sacredié!

BILBOQUET. Et vous me croyiez endormi dans les délices de Capoue!... Jeunes cantaloups!.. Vous ne savez donc pas que depuis un an je passe toutes les nuits à écrire.

SOSTHÈNES. Vraiment! père; je croyais que le célèbre grand homme ignorait les premiers principes de l'écriture.

DUCANTAL. Il se rattrape sur l'orthographe... (*Éternuant.*) Ah! sacredié!...

BILBOQUET. Et savez-vous pourquoi je pâlis sur du papier à quatre sous la main? Savez-vous pourquoi j'use des plumes à m'en déplumer? C'est pour rédiger...

TOUS. Quoi donc?

BILBOQUET. Mes mémoires!

TOUS. Les mémoires de Bilboquet!

BILBOQUET. Oui mes enfants, les Mémoires de Bilboquet pour faire pendant aux Mémoires d'un Bourgeois de Paris. Ça va paraître et nous verrons...

SOSTHÈNES. Verrons?...

BILBOQUET. Nous verrons l'effet... je compte même enfoncer les Mémoires de madame Magot d'or.

L'ESSOUFFLÉ. Ah! ceux-là, je les ai lus... c'est lesic.

SCÈNE III.

Les Mêmes, L'ESSOUFFLÉ.

L'ESSOUFFLÉ, *entrant vivement.* Où est elle? où est-elle? l'avez vous vue?

BILBOQUET. Quel est ce crapoussin?

ATALA. Ah! le bel homme! quelques pouces de plus et il serait magnifique.

ZÉPHIRINE. Cinq ou six pouces encore et ce serait le mortel que j'ai rêvé.

BILBOQUET. Que cherchez vous, jeune Cocodès?

L'ESSOUFFLÉ. Ah! c'est vrai, vous ne savez pas... Figurez-vous que je suis venu à Paris avec l'Espérance. Vous ne connaissez pas l'Espérance?

BILBOQUET. Je n'ai jamais connu que ça.

L'ESSOUFFLÉ. Je la priais de me faire voir les succès dramatiques de l'année, mais à cette demande, elle s'est enfuie comme une ombre; je désespérais donc de voir les produits théâtrales, quand je rencontrai un de mes anciens élèves; car j'ai été pion.

BILBOQUET. Parlez plus vite, je vous trouve lent pion.

ATALA. On prenez la clef des champs, pion.

ZÉPHIRINE. Laissez ci cor pion.

L'ESSOUFFLÉ. Mon élève, c'était le théâtre; j'interrogeai donc mon ex disciple qui m'a dit que vous étiez versé dans la question théâtrale.

BILBOQUET. Il est vrai que je fus appliqué souvent à cette question.

L'ESSOUFFLÉ. Vous jouîtes dans votre temps d'un succès gigantesque.

BILBOQUET. J'en jouîtes avec cette cloque.

TOUS. Ah!

L'ESSOUFFLÉ. Eh bien; faites-moi connaître les nouveautés dramatiques de l'année, éclairez-moi de vos savantisavis, et je souscris à vos Mémoires.

BILBOQUET. J'y condescends. Souffre seulement, jeune daim, que j'évoque avant tout un petit drôle qui pourra nous guider dans nos recherches. (*Il fait un signe.*) Passe, mascade! et allez donc!...

SCÈNE IV.

Les Mêmes, LE LÉZARD.

LE LÉZARD.

Air : *Me voilà.*

Me voilà (ter).
Quand la voix m'invite,
J'accours bien vite,
Me voilà (ter).
Quand on m'appelle
Je fus toujours là,
Gamin du boulevard,
Criard, babillard,
Je suis le lézard,
Arbitre de l'art,
Prince des titis,
Sans cesse je fie
Le diable au paradis,
Me voilà (ter)
Quand tu vois ; etc.

L'ESSOUFFLÉ. Eh! quoi, ce petit bonhomme serait un lézard?

BILBOQUET. Oui, le lézard des théâtres, ainsi nommé parce qu'il se glisse partout.

LE LÉZARD. Depuis le théâtre *Lyr* jusqu'au *Lazar*, c'est moi qui ai inventé tous les mots qu'on se chuchotte pendant les entr'actes depuis l'ancien qui wick! jusqu'au classique zut! et au moderne ah! là là... C'est moi qui rappelle les premiers rôles et qui, pour rabattre leur caquet redemande ; Toost toust! C'est moi qui invite les nourrices à se poser sur leurs montards.

L'ESSOUFFLÉ. Ah! oui, asseyez-vous dessus!

BILBOQUET. Ou donnez-y à manger!

LE LÉZARD. C'est moi qui crie, quand on ne lève pas le rideau : la toile ou j'en fais des feux-ails! C'est encore moi qui laisse tomber ma casquette, mange des pommes, casse des noix, lance des hannetons et fais le succès ou la chute de toutes les pièces.

Air : *Drinn, drinn.*

Mieux qu'les critiques de nos grands journalistes,
Du bon j' distingue fort bien c' qui est mauvais ;
Je fais mouvoir les pièces, les artistes,
Avec un seul j' décide du succès!
Bah! bah! quand j'dis bott!
Sans craindr' de passer pour fat,
Un' fois qu' j'ai dit bott !
L' directeur peut crier : Vivat!

TOUS.

Bott ! bott ! c'd dit bott ! etc.

LE LÉZARD.

DEUXIÈME COUPLET.

J' possède aussi le r'vers de la médaille ;
Quand d'un parterr' qu'on dit à tra la la,
On croit un jour avoir fait la trouvaille,
Nitout, mon fils! faut que j' passe par là.
Toc ! toc! et j' dis toc!
Quand la pièce n'était d'un cng,
Un' fois qu' j'ai dit toc!
D'un' chute faut subir le choc!

TOUS.

Toc! toc! c'd dit toc, etc.

L'ESSOUFFLÉ. Ma foi, le gamin me plaît, je m'y livre pieds et poings liés, et s'il peut me faire connaître les succès dramatiques de l'année...

LE LÉZARD. C'te bêtise!... puisqu'ils vont venir tous ici souhaiter la fête à leur patron.

BILBOQUET. Qu'entends-je? et je n'ai qu'un gant.. N'importe, volons à leur rencontre.

L'ESSOUFFLÉ. Attendez-moi, j'ai oublié mon chapeau.

BILBOQUET. Est-ce celui-ci ?

L'ESSOUFFLÉ. Oui.

BILBOQUET. Alors, comme il est plus neuf que le mien, j'en pars le chef de votre chef.

L'ESSOUFFLÉ. Mais...

BILBOQUET. Que ceci vous serve de leçon, jeune oublieux et faites comme moi.. ne manquez pas de mémoire!

ENSEMBLE.

Air de la *Dame Blanche.*

Allons, partons,
Il faut recevoir les Théâtres,
Allons,
Suivons,
Ce galopin des plus folâtres,
Allons,
Partons,
Et dépêchons,
Là bas, nous les trouverons.

(*Ils sortent tous. — Changement à vue.*)

Treizième tableau.

Une place publique.

SCÈNE PREMIÈRE.

LE COMTE LAVERNIE, EVA, UN DIABLE, EDOUARD (*de la Conscience*) ; puis LE LÉZARD *et* L'ESSOUFFLÉ, *ensuite* UN OURS BLANC.

CHŒUR.

Air du *Portrait du diable.*

Nous sommes les Théâtres
Qu'on admire à Paris,
Spectateurs idolâtres,
Déguerpissons le prix.

(*Entrent l'Essoufflé et le Lézard.*)

L'ESSOUFFLÉ. Vous dites que ce sont là les succès dramatiques de l'année?

LE LÉZARD. Je n'ai pas dit les succès, mais les ouvrages... Voici d'abord le comte Lavernie.

L'ESSOUFFLÉ. Le comte mal verni?..

LE LÉZARD. Lavernie,.. un roman, mis en pièce.

L'ESSOUFFLÉ. Connu! Nous le maintenons... seulement il foiroite trop.

LE LÉZARD, *présentant Eva.* Eva! Un drame soi-disant attendrissant du théâtre du Vaudeville.

L'ESSOUFFLÉ. Ah! le public y a pleuré...

LE LÉZARD. Ses trois francs cinquante.

L'ESSOUFFLÉ.

Air : *Allumons-en, etc.*

Pourquoi faire verser des larmes
Dans l'asile des gais flons flons?
Un couplet a bien plus de charmes
Que tous vos larmoyante sermons.
Or, si tu veux être habile,
Reprends ton premier chemin,
Et va ton train!
Gai! hante-en-train !
Et rends enfin au vaudeville
Ses grelots et son tambourin!

LE LÉZARD. Oui, laissons la tragédie au Théâtre Français.

L'ESSOUFFLÉ. En parlant de tragédie, je ne serais pas fâché d'en voir une.

LE LÉZARD. Voilà! (*Il fait un signe : un grand colis sort par le dessous.*)

L'ESSOUFFLÉ. Ce colis?

LE LÉZARD. C'est Rosamonde qui part pour l'Amérique. Ses auteurs ont beau lui dire : Oh! reste! viens, Médée, jasone; elle leur fait ça (*il fait un pied de nez*).

L'ESSOUFFLÉ.

Air : *Tu ne vois pas, etc.*

Pour de l'argent qui s'est promis,
Hermione, tu nous abandonne,
N'as-tu donc pas dans ton pays
Del'or, des braves, des couronnes?...
Pars,.. tu reviendras... Cependant,
Sache bien qu'ici, d'habitude,
Si l'on admire le talent,
On n'aime pas l'ingratitude.

(*Le colis disparaît.*)

L'ESSOUFFLÉ, *montrant le Diable.* Et ce grand lutin?.. il me semble que je l'ai déjà vu quelque part.

LE LÉZARD. Sans doute; au théâtre des Délassements!

L'ESSOUFFLÉ. Ah! oui, je le reconnais... Grand Dieu!.. fayons... c'est le pays des pataques.

LE LÉZARD. Une féerie quelque peu loc dont la Gaîté s'est servie pour faire les *Cinq cents Diables*, la voisine lui a pris ses décors, ses trucs, ses couplets et ses bons mots.

L'ESSOUFFLÉ. Voilà qui n'est pas flatteur pour les *Cinq cents Diables!*

Air : *J'en guette, etc.*

Alors cette œuvre fantastique
N'a donc obtenu nul succès?

LE LÉZARD. Non, car l'opinion publique

Dit qu'elle en sera pour ses frais.

L'ESSOUFFLÉ.

Aussi, d'après ces avis charitables,
Quand quelqu'un vous insultera,
Désormais on s'empressera
De l'envoyer aux Cinq cents Diables.

ÉDOUARD, entrant. Oui, qu'ils aillent tous aux cinq cent mille diables!...

L'ESSOUFFLÉ. A qui en a-t-il, celui-là?

LE LÉZARD. C'est la Conscience de l'Odéon.

ÉDOUARD. (Imitation de M. Laferrière.) Crétin! quels sont les va-nu-pieds qui encombrent l'antichambre? Ah! c'est que, voyez-vous, il existe sous le crâne de l'homme sous la voûte de son occiput, une veilleuse qui brûle pour lui seul, un réverbère dont l'huile bienfaisante lui fait voir les boulettes de la vie, un candélabre dont le bec lui montre le bien et le pas grand chose, le droit et le torin; cette veilleuse, ce réverbère, ce candélabre, c'est la conscience! Soyez bon, pas mèche de les éteindre! Mais sois canaille, et la veilleuse, le candélabre s'éteignent dans les ténèbres de l'ignominie.

L'ESSOUFFLÉ, applaudissant. Bravo! bravo! bravo! (Faiblissant.) Ah! mais, qu'est-ce que je ressens?... Mes cils frétillent.

LE LÉZARD, même jeu. J'ai envie de jouer du traversin.

LES AUTRES, même jeu. Je m'endors! (Ils ferment les yeux, l'orchestre joue) Dormez, mes chères amours! puis paraît un ours portant une toile dans une patte et des papiers timbrés dans l'autre; il traverse le théâtre, sort, et tout le monde s'éveille.)

TOUS. Ah!

LE LÉZARD. C'est le théâtre des Variétés qui vient de passer; il tenait d'une patte son grand panorama de la guerre d'Orient, et de l'autre ses pièces écrites sur papier timbré!

L'ESSOUFFLÉ. Le théâtre des Variétés plaide donc toujours au tribunal de commerce.

LE LÉZARD. Toujours! sans en être plus agréé par le public.

L'ESSOUFFLÉ. Assez de ces théâtres! Qu'ils aillent tous à la Gaîté!

CHOEUR. — REPRISE.

Nous sommes les Théâtres, etc.

(Les Théâtres sortent.)

LE LÉZARD. Maintenant place à une enfant que Bilboquet a exposée sur le versant du boulevard du Temple.

L'ESSOUFFLÉ. Quelle est cette pauvre victime?

LE LÉZARD. Une arène morale où la mère sans danger peut conduire sa fille, où le jeune homme en bas âge puise le goût des bonnes manières et de la belle poésie; la Folie-Nouvelle... (A la cantonade.) Parais, fille de Bilboquet, et viens déployer tes talents.

SCÈNE III.

LES MÊMES, LA FOLIE-NOUVELLE.

LA FOLIE, entrant d'un air sombre.

Air de Malbrough.

Je suis une Folie
De Talbo, de Bilboquet chérie,
Écoutez, je vous prie,
Le son de mes grelots,
Voyez mes oripeaux
Et mes décors nouveaux.

ENSEMBLE.

L'ESSOUFFLÉ, LE LÉZARD.

Est-ce donc la Folie,
De Bilboquet l'enfant chérie?
Puisqu'elle nous en prie,
Écoutons ses grelots.

LA FOLIE.

Je suis une Folie, etc.

L'ESSOUFFLÉ, au Lézard. Je trouve qu'elle manque de grelots. (A la Folie.) Que montrez-vous au public?

LA FOLIE. Un spectacle des plus attrayants et surtout des plus variés.

Air de Kriesel.

Accourez tous dans mon bazar
Et franchissez le boulevard,
Jamais public émerveillé
N'eut spectacle plus varié.
Chez nous, le premier jour on a
Don Quichotte et Sancho Pança;
Le répertoire est expliqué
Par le Compositeur toqué.
Et pour compléter le tableau,
Vient il signor Saturello.
Le lendemain on donnera
Don Quichotte et Sancho Pança
Au public qu'on a convoqué
Pour le Compositeur toqué.
On fait en outre le cadeau
Du signor il Saturello;
Mais le dimanche l'on jouera
Don Quichotte et Sancho Pança.
Le lundi je l'aurai flanqué
De mon Compositeur toqué.
Comme il faut mardi du nouveau,
Vous aurez il Saturello.
Le jeudi suivant, on aura
Don Quichotte et Sancho Pança.
L'autre jour, on sera troqué
Par le Compositeur toqué
Et puis le dimanche, à gogo,
Je vous donne il Saturello.

L'ESSOUFFLÉ. C'est toujours la même chose.

LA FOLIE. Vous aurez beau dire, je suis si gentille... je suis si bien décorée... Si vous voyiez comme ma salle fait les yeux doux à tout le monde... Est-ce que vous croyez que les spectateurs qui viennent chez moi font attention aux pièces que je leur joue! Allons donc! les avant-scènes de gauche mirent leurs yeux dans les yeux des avant-scènes de droite... Les stalles de devant se donnent le torticolis pour sourire aux stalles de derrière; enfin, c'est le public qui se charge tous les soirs de renouveler le répertoire, ce qui ne coûte à nos artistes ni frais de mémoire, ni frais d'esprit, ni frais de costume...

L'ESSOUFFLÉ. Vous avez beau faire, vous ne parviendrez pas à démolir la pantomime des Funambules.

LA FOLIE. Tout cela ne m'empêchera pas de répéter... (Reprise de l'air d'entrée. Elle sort.)

LE LÉZARD. Je parie que tu désirerais quelque chose de plus harmonieux?

L'ESSOUFFLÉ. Oh! oui, je suis fou de l'harmonie!

LE LÉZARD. Alors je vais t'en verser à flots.

L'ESSOUFFLÉ. Que vas-tu nous exhiber?

LE LÉZARD. La Promise, opéra comique, sauce provençale assaisonnée par monsieur Giapissant!

SCÈNE IV.

LES MÊMES, MARIE (de la Promise).

MARIE.

Air de la Promise, n° 1.

Je suis une promise
Comme l'on n'en voit pas!
Ah!

LES AUTRES.

Oui, c'est une promise
Comme l'on n'en voit pas!
Ah!

MARIE.

Je suis leste et bien mise,
On vante mes appas!
Ah!

LES AUTRES.

Elle est leste et bien mise,
On vante ses appas!
Ah!

MARIE.

Quant aux airs, aux roulades,
Je redoute leur jeu
Peu,
Et ma voix, sans bravados,
Fera toujours, corbleu!
Feu!

LES AUTRES.

Quant aux airs, aux roulades,
Elle craint un tel jeu
Peu,
Et sa voix, sans bravados,
Fera toujours, corbleu!
Feu!

L'ESSOUFFLÉ. Il me semble que je reconnais aussi cette Promise-là... elle ressemble à l'Espérance.

LE LÉZARD. En effet, c'est l'Espérance du Théâtre-Lyrique.

L'ESSOUFFLÉ, à Marie. Belle Marie, pourriez-vous nous donner une faible idée de votre opéra?

MARIE. volontiers.

Air : Récitatif de Kriesel.

Commençons donc cet opéra fameux,
Dont tout Paris cite la renommée,
Et de cette harmonie aimé:
Parodions, ici, les effets merveilleux!

(Le théâtre change.)

Quatorzième Tableau.

LES MÊMES, GARDES NATIONAUX et PAYSANNES.

CHOEUR

Air de la Promise, n° 1.

Ohé! ohé! ohé! ohé!
Ohé! ohé! ohé! ohé!
Ohé! ohé! ohé! ohé!
Ohé! ohé! ohé! ohé!

CIROMAN, il a une grande barbe, une tunique et un schako d'officier.

Air : Récitatif de Kriesel.

Salut, pichouns et pichounettes.

LE CHOEUR.

C'est notre capitaine, ah! comme il a l'air fier!

BILBOQUET.

Corbleu! bagasse! troun de l'air!
Chère Promise, avant la fête
Ne me chanterez-vous pas un air?
Nous vous en prions tous, donnez-nous donc de l'air.

MARIE.

Air de la Promise. (L'Alouette.)

Ah! ah! ah! ah! ah!
Ah! ah! ah! ah! ah!
Ah! ah! ah! ah! ah!
Ah! ah! ah! ah! ah!

LE LÉZARD. Devinez l'animal qu'elle a imité là?

L'ESSOUFFLÉ. C'est le mouton amoureux.

LE LÉZARD. Erreur... c'est l'alouette.

L'ESSOUFFLÉ. Je m'en doutais; mais ça doit lui fatiguer l'alouette...

BILBOQUET.

Air : Récitatif de Kriesel.

Maintenant, troun de l'air! bagasse! caperlotte,
Pour aller cher l'adjoint donnez-moi la minute!
(On entend un coup de canon.)
Bagasse! le canon! Ah! plus mèche d'hymen!
Au poste l'on m'attend, ce sera pour demain.

MARIE.

Comment vous me fâchez?

BILBOQUET.

Je vais vous mettre en garde!

MARIE.

Chez qui?

BILBOQUET.

Chez un ami, Caporal, hors la garde!
(Petit-Pierre paraît, il est en caporal de la ligne avec une petite veste.)

PETIT-PIERRE.

Mon capitaine.

BILBOQUET.

Ici, Petit-Gros-Pierre, ici!
(Montrant Marie.)
Je pars, fais bonne guette!...

PETIT-PIERRE, allant sentir Marie.

Ah! c'est elle!...

MARIE, à part, faiblissant.

C'est lui!

THÉODORE, entrant en sautant.

Air de la Promise, n° 4.

C'est ma veste
Fraîche et leste
Qui fixe tous les retours.
De ma veste,
Zeste! zeste!
Je prise fort le velours!

(Il sort.)

TOUS.

REPRISE.

Ohé! ohé! ohé! ohé!
Ohé! ohé! ohé! ohé!
Ohé! ohé! ohé! ohé!
Ohé! ohé! ohé! ohé!

(Ils sortent.)

LE LÉZARD. Fin de la première partie. Qu'en dis-tu?

L'ESSOUFFLÉ. L'homme à la veste me plaît assez, mais je ne vois pas trop à quoi il sert.

LE LÉZARD. Attends la fin.

PETIT-PIERRE, revenant avec un fusil, il porte arme et se promène comme en faction.

Air de Kriesel.

Ah! qu'il est dur de faire faction,
Et de garder ainsi son infidèle!
Le capitaine, hélas! avait raison,
Auprès d'une femme si belle,
De poser une sentinelle?

MARIE, entrant.

Le voici l'arme au bras!...

PETIT-PIERRE, lui présentant les armes.

C'est elle!

MARIE.

Pierre, vous fîtes, ja la voix,
Toujours aussi toqué du mien,

PIERRE, à part.

C'est en vain que tu me latines,
Car pour l'honneur de mes sardines
Je cacherai mon sentiment.

(Haut, avec effort.)

Moi vous aimer!... non pas : il a fian!...

ENSEMBLE.

MARIE.

Ah! je le vois, toujours il m'aime,
Malgré son air indifférent,
Quoiqu'il m'ait répondu : Du fian!
Il m'aime véritablement.
Ah! c'est la perle, c'est la crème
Des caporaux du régiment.

PETIT-PIERRE.

Ah! je le sens, toujours je l'aime,
Malgré mon air indifférent,
Et quoique je lui dis : Du fian!
Je l'aime véritablement.
Pour mon cœur quelle peine extrême!
Faut-il que je vois ben enfant!

MARIE, à part.

Air de Kriesel.

Pour connaître enfin ses secrets,
Si je le pochardais?

(Haut, allant chercher une bouteille et un verre.)

Accepterez-vous sans façon
Un petit verre de piston!

PETIT-PIERRE.

Puis-je refuser sans façon
Un petit verre de piston?

MARIE.

Air de la Promise, n° 9.

Buvez!
Rêvez!
Voir tout en rose
Est douce chose.
Buvez!
Rêvez!
Pleins bouteille,
Liqueur vermeille,
Nous offre encor
Des songes d'or.
Buvez!
Rêvez!

(Petit-Pierre s'est endormi.)

MARIE.

Air de Kriesel.

Il dort, déshabillons-le.
Non, non, contentons-nous de
Prendre le vêtement de ce turlureau que
Je vais lancer au fond de ma commode!

(Théodore est parti, sa veste à la main. Marie la lui prend et la jette dans la commode, puis revient réveiller Pierre.)

MARIE.

Ah! Pierre!... ah! scélérat!

PETIT-PIERRE, se réveillant.

Hein? Ah! c'est elle, je
Voudrais bien savoir quel courroux l'incommode!

MARIE.

Vous avez pénétré chez moi sans avoir l'air.

PETIT-PIERRE, vivement.

Ça c'est pas vrai! c'est une colle!

MARIE.

PREMIER COUPLET.

Imiter la cantatrice
Que le public aime tant,
Pour une timide actrice
C'est audacieux vraiment.
Demain je serai plus hardie,
Si vous daignez vous, oui-da,
Donner à la parodie
Les bravos de l'opéra.

TOUS.

Ohé! ohé! ohé! ohé!
Ohé! ohé! ohé! ohé!

Quinzième Tableau.

SCENE PREMIERE.

L'ESSOUFFLÉ, LE LÉZARD, MARIE.

MARIE. Eh bien! que dis-tu des nouveautés du Mil huit cent cinquante-quatre?

L'ESSOUFFLÉ. Je dis que nous avons eu tort de brûler son agenda, et que Mil huit cent cinquante-cinq fera bien de suivre ses traces.

MARIE. Viens donc dans son palais.

(Le théâtre change.)

Seizième tableau.

Tous les personnages de la pièce.

CHOEUR.

Air : de la Tirelire.

Par des flonflons,
Par des chansons,
Que Cette année
Soit terminée.
Le gai refrain
Peut, c'est certain,
Porter bonheur pour l'an prochain.

LE TEMPLE NEUF.

Les magasins, du matin jusqu'au soir,
Contr' les baraqu's font mille et mille attaques,
Ce n'est pas juste enfin, car l'on peut voir
Des magasins qui n' sont que des baraques.

PARIS CHANTANT.

Grand Opéra que l'on vante en tout temps,
Au bon public qui toujours le fréquente,
Vient de jouer un tour des plus sanglants,
En lui donnant une Nonne sanglante.

PETIT-PIERRE.

Un d' mes amis un pays Flemonia,
Dram' du Gymnas' qui n' fit pas de recette;
J'aurais bien mieux aimé qu'on m' fît cadeau,
Chez son voisin, de sa part en galette.

DU CANTAL.

Lorsque parfois j'ai l'esprit soucieux,
L' Charivari me fait toujours rire;
Mais quand je veux prendre un air sérieux,
Ce que je prends, le Journal pour rire.

ATALA.

Depuis la guerre, agents d' change et boutiers
Mettent au reste, hélas! à toute sauce;
Mais le plus chic, c'est qu' l'bas d' nos remparts
L' soir, et l' courrag' vont toujours à la hausse.

LE LÉZARD.

L'ingratitude est une qualité,
Chacun subit partout son influence,
Et ce n'est plus que dans l' Mont-de-Piété,
Qu'on peut maint'nant trouver la reconnaissance.

LE DRAGON.

Quand nos enfants partent pour l'Orient,
C'est beau d' les voir, pl'ns d'une ardeur extrême,
S'en aller tous en riant, en chantant,
J'espère bien qu'ils reviendront de même.

MARIE.

Non, vous avez laissé, caporal sans parole,
Pour preuve du forfait...

PETIT-PIERRE.

Quoi?

MARIE.

Votre pot-en-l'air!

PETIT-PIERRE, atterré.

Bigre!

(Bruit au dehors.)

MARIE.

Quel est ce chœur?

PETIT-PIERRE.

C'est monsieur Troun d-l'air!

ENSEMBLE.

C'est monsieur Troun de l'air!

LES GARDES NATIONALES, entrant.

Ohé! ohé! ohé! ohé!
Ohé! ohé! ohé! ohé!
Ohé! ohé! ohé! ohé!
Ohé! ohé! ohé! ohé!

BILBOQUET, entrant, à Marie.

Pichonnette, me voici!

(A Petit-Pierre.)

Toi, pichoun! merci! merci!

PETIT-PIERRE.

Ah! ne me traitez pas ainsi,
Car, hélas! je vous ai trahi,
On est entré chez elle...

BILBOQUET.

Il brosse.

PETIT-PIERRE.

Voyez plutôt sur sa commode!

BILBOQUET, allant et revenant avec une veste.

Troun de l'air! à qui
Ce vêtement-ci?

THÉODORE, arrivant.

Même air.

C'est ma veste
Fraîche et leste
Qui fixe tous les amours.
De ma veste
Zeste! zeste!
Je prise fort le velours.

(Il sort.)

MICROQUET.

Quel s'est ce faux bien qui nous monte le coup?

MARIE.

Non pas, je vais vous dire tout!

Air de la Promise, dernier numéro.

Une gentille grisette
Adorait un caporal,
Un capitaine la guette
Et l'entraîne au conjugal.
Puis v'là qu'il se met en tête
Sans façon d' la planter là.
Je trouve tout ça fort bête,
Mais ça s' fait dans l'opéra.

DEUXIEME COUPLET.

Qui gardera la fillette?
C'est l'amour de caporal,
Il faut qu'elle compren n'te
Cet amant trop glacial.
Aussitôt dans sa chambrette
Le vrai d'un autr' s' trouv'ra.
Je trouve tout ça fait bête,
Mais ça s' fait dans l'opéra!

THÉODORE, revenant.

C'est ma veste
Fraîche et leste.

L'ESSOUFFLÉ. Oh! assez!... Tacou... Je demande que celui-ci mette une sourdine à sa votre veste... remportez votre veste.

L'ESSOUFFLÉ.

Le bel état que celui d' chansonnier,
On s'enrichit avec cette entreprise.
Ma femm' m'a dit que le meilleur métier
Était maint'nant de travailler en ch'mise.

LA FOLIE.

De nos portraits pour tracer le dessin,
L'invention de Daguerre est très-bonne;
Mais chez les grands ell' ne f'ra pas son ch'min,
Car elle n'a jamais flatté personne.

GIROMON.

Si j'ai chanté cette basse avec feu,
Si sans pudeur j' parodiai la basse,
Si de la bass' je me suis fait un jeu,
Ne croyez pas que je suis contre-basse.

LA RIVIÈRE.

Certains coiffeurs n' réussi'nt dans le but
D' répandre l'art d'accommoder les nuques;
On se s'rait été d'abord à l'Institut,
Est-ce parc' que l'on voyait des perruques?

L'ESSOUFFLÉ, au public.

Tout doit césar, Messieurs, devant vos lois,
De votre sort le public est seul maître,
Faites-nous donc crier pendant trois mois,
Voilà! Voilà ce qui vient de paraître!

CHOEUR. — REPRISE.

Par des flonflons,
Par des chansons, etc.

FIN.

Paris, impr. de Mme Ve Dondey-Dupré, r. St-Louis, 46, au Marais.